MÉMOIRE

ADRESSÉ

PAR UNE RÉUNION DE PROPRIÉTAIRES,

ARCHITECTES ET CONSTRUCTEURS

DE LA VILLE DE PARIS,

à Messieurs les Membres

DE LA COMMISSION D'ENQUÊTE.

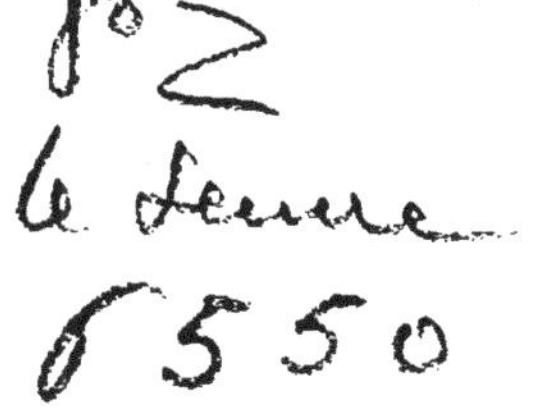

PARIS, IMPRIMERIE DE DECOURCHANT,
Rue d'Erfurth, n° 1, près de l'Abbaye.

MÉMOIRE

ADRESSÉ PAR UNE RÉUNION

DE PROPRIÉTAIRES, ARCHITECTES

ET CONSTRUCTEURS

De la Ville de Paris,

A Messieurs les Membres

DE LA COMMISSION D'ENQUÊTE

INSTITUÉE

PAR DÉCISION DE S. EXC. LE MINISTRE DE L'INTÉRIEUR,
EN DATE DU 7 JUILLET 1828.

Paris,

A LA LIBRAIRIE DU COMMERCE,

CHEZ RENARD, LIBRAIRE,

RUE SAINTE-ANNE, N° 71.

—

1829

MÉMOIRE

ADRESSÉ

PAR UNE RÉUNION DE PROPRIÉTAIRES,

ARCHITECTES ET CONSTRUCTEURS

DE LA VILLE DE PARIS,

à *Messieurs les Membres*

DE LA COMMISSION D'ENQUÊTE.

LES révolutions et les guerres des grands États, lorsqu'elles sont de longue durée, font naître et laissent après elles, dans les esprits, un principe d'activité qui produit bientôt des agitations nouvelles, s'il est dirigé par des mains faibles et incapables, ou devient salutaire et fécond en prodiges, s'il reçoit l'impulsion d'un gouvernement habile et fort.

Ainsi, sous un grand roi et de grands ministres, succédèrent, en France, aux désordres sanglans de la Ligue, le beau siècle de la littérature et la création de nos premières fabriques. La révolution de 1688 vit naître et se développer, en Angleterre, une grande prospérité commerciale et industrielle, dont les guerres du dix-huitième siècle n'ont point arrêté le mouvement progressif.

1

(2)

Les orages de notre dernière révolution, les guerres de la république, du consulat et de l’empire, ont changé nos mœurs, nos habitudes, détruit une foule de préjugés, et principalement celui qui défendait aux classes élevées de la société de se livrer à des spéculations industrielles et d’y apporter leurs capitaux, à peine de déroger et de compromettre leur dignité.

Lorsque l’antique dynastie des Bourbons nous fut rendue, elle trouva une France nouvelle. Louis XVIII lui donna la Charte et la paix, et bientôt le besoin des institutions et le goût des entreprises de toutes sortes succédèrent à la passion des armes.

Plus tard, Charles X affranchit la presse, créa un conseil supérieur de commerce, et annonça l’intention formelle de protéger et d’honorer l’industrie et l’agriculture. Cette royale impulsion excita davantage encore l’esprit d’association et de spéculation, répandu déjà dans les diverses classes de la société, et de nombreuses entreprises se formèrent de toutes parts, sur le vaste territoire de la France.

Parmi tant de spéculations de toute nature, l’acquisition et la vente des terrains, la construction de maisons nouvelles, furent au nombre de celles qui devaient recevoir et qui reçurent, en effet, une extension considérable dans toutes les principales villes du royaume, et particulièrement dans la capitale. Les intérêts qui se rattachent à ce genre d'entreprises sont ceux qui touchent plus spécialement les auteurs de ce Mémoire, et c'est par l'examen de l'état des choses, sur un point aussi important aux fortunes particulières, qu'ils vont essayer de répondre aux vœux d'une classe nombreuse de citoyens aujourd'hui dans la détresse, et à la confiance d'une administration qui recherche les causes du mal et qui ne peut manquer d'accueillir les moyens d'y remédier.

On vit tout-à-coup, sur toutes les parties excentriques de la ville de Paris (pour nous borner à ce qui la concerne seule), des espaces inoccupés et des terrains sans valeur se métamorphoser en nouveaux quartiers traversés par de larges rues, se couvrir de nombreuses habitations, et offrir ainsi, par l'application de grands capitaux à une industrie assise sur des bases nouvelles, la perspective d'un accroissement notable dans le bien-être des habitans et, par suite, dans les revenus de l'État.

Sur d'autres points, de vieilles maisons furent démolies et firent place à des constructions plus commodes et mieux appropriées aux goûts comme aux besoins de la génération actuelle; tandis qu'à l'extérieur des murs d'enceinte, on fondait simultanément des villages, tels que ceux de Grenelle, de Boulainvilliers, de Biancourt, de Longchamps, de Madrid, de Sablonville, de la plaine de Passy et des Batignolles.

Les espérances que fit naître un règne commencé sous les plus heureux auspices, l'accroisse-

(4)

ment de la population, l'aisance plus générale des habitans, les rapports du conseil de salubrité qui semblaient imposer à l'administration l'obligation d'élargir et d'assainir le centre de Paris, où la mortalité décime les citoyens (1), une tendance générale à des améliorations dans le régime de nos habitations, étaient des motifs suffisans pour justifier l'ardeur de bâtir et pour en faire concevoir et même excuser les excès, s'il était vrai qu'il en eût été commis.

Mais la population de Paris s'est accrue en dix années de 25 pour 100, et le nombre des maisons de 10 pour 100 seulement : leur accroissement n'est donc pas encore en proportion de celui des habitans, et il en résulte aussi, jusqu'à l'évidence, qu'on ne saurait accuser d'excès le zèle des constructeurs (2).

(1) « Il y a tel quartier de Paris où la mortalité des enfans,
» dans la première année, est de 9 sur 10. Un enfant élevé
» dans des rues étroites et obscures, surtout lorsque ses pa-
» rens habitent au rez-de-chaussée, dans les arrière-boutiques,
» enfin dans tous les lieux à la fois humides et privés de lu-
» mière, est dévoué à une mort presque certaine. »   —

(*Extrait d'un rapport fait à l'Académie de médecine, le
22 mars 1825, sur un mémoire relatif à la mortalité
des enfans du premier âge.*)

Les opérations du conseil de révision constatent que, dans le même quartier, un seul homme sur trois est apte au service militaire. — La proportion est de un sur deux environ, dans les autres arrondissemens.

(2) Suivant un mémoire très-curieux, communiqué par M. le préfet de la Seine, la population de Paris était, en 1817, de

Cependant les entreprises se multipliaient, et des bénéfices suffisans semblaient devoir être le prix de spéculations où l'intérêt du spéculateur s'associait si étroitement à l'intérêt public.

Comment se fait-il donc que la plupart des opérations de cette nature aient eu, en si peu d'années, de si fâcheux résultats ?

La réponse est facile, et l'on va voir qu'il faut chercher la cause du mal ailleurs que dans les faux calculs d'une imprévoyante avidité.

La crise terrible qui, vers la fin de 1825, compromit l'existence du commerce et des compagnies financières de l'Angleterre, eut une funeste influence sur la place de Paris, où la réaction se fit aussitôt sentir. La peur, qui ne raisonne pas, détruisit, par de sinistres alarmes, les brillantes combinaisons de l'industrie.

Les banquiers de Paris, prévoyant un mouvement rétrograde et craignant, non sans quelque raison, qu'il ne les entraînât s'ils tentaient de s'y opposer, donnèrent le signal, retirèrent leurs capitaux et fermèrent leurs caisses aux entrepreneurs de constructions, qui, seuls, ne pouvaient soutenir la valeur des terrains. D'un autre côté, les capita-

713,966 individus, et en 1827 de 890,431. Différence, 176,465, soit environ 25 pour 100.

Le nombre des maisons était, en 1817, de 26,801, et, en 1827, de 29,472. Différence, 2,671, soit environ 10 pour 100.

Le terme moyen des habitans de chaque maison était, en 1817, de 26 $^{64}/_{100}$, et, en 1827, de 30 $^{21}/_{100}$.

listes imitèrent l'exemple des banquiers ; et lorsque tant de ressources vinrent à manquer à la fois, aucune mesure ne fut adoptée pour venir au secours des constructeurs, laissés aux prises avec des engagemens onéreux et pressans, et sans autres moyens d'y faire face que des terrains vacans et des maisons non achevées et condamnées à rester long-temps encore sans produit.

La marche incertaine et vraiment inquiétante des affaires publiques, jointe à l'instabilité dans la législation, caractère particulier de cette époque, contribuèrent fortement aussi à décourager les capitalistes et à paralyser l'industrie.

L'état de crise enfin qui, en même temps, commença à se faire sentir dans toutes les branches du commerce et des manufactures et n'a pas cessé depuis, vint augmenter encore les souffrances et le découragement de l'industrie immobilière. Les spéculateurs et les constructeurs furent écrasés.

A ces causes principales, on doit en ajouter quelques autres qui, pour être secondaires, n'en eurent pas moins une grande influence.

Nous citerons, entre autres, les droits du fisc, si exorbitans que toute l'intelligence des constructeurs ne saurait les réduire au-dessous de 32 pour cent sur le capital d'une maison bâtie et vendue comme objet de spéculation. L'élévation excessive du prix des terrains, dans certains quartiers, a été également funeste aux propriétaires eux-mêmes comme aux entrepreneurs.

(7)

Enfin il est une erreur qu'il faut avouer, et dont
les conséquences sont très-graves. On a trop souvent élevé des maisons très-vastes sur des espaces
étroits, ou bien on les a disséminées sur tous les
points à la fois, et on les a construites avec un luxe
qui ne les rend habitables que pour la classe riche
ou aisée, comme si l'accroissement de la population fût venu d'elle seule; et l'on ne s'est pas oc-
cupé de logemens pour la classe ouvrière, qui est
obligée de se presser, de s'entasser, aux dépens des
mœurs et de la santé, dans les rues privées d'air
et malsaines du vieux Paris.

Pour nous conformer aux intentions de M. le
Préfet de la Seine, dont la sollicitude active et bienveillante a obtenu la création de la commission à
laquelle notre travail sera soumis, nous avons dû
commencer par signaler les causes de la suspension
des opérations immobilières, et de la dépréciation
des constructions et des terrains encore vacans.

Il nous reste à proposer nos vues sur les moyens
de rendre la vie à ces opérations et d'y rappeler la
confiance et les capitaux, en démontrant qu'il suffirait, pour assurer leur prospérité, du concours de
l'administration, qui annonce hautement aujour-
d'hui l'intention de les seconder et de les protéger,
et qui est elle-même poussée dans cette voie par
ses propres intérêts.

Tel est l'objet principal de ce Mémoire et des
cinq chapitres dont il se compose.

CHAPITRE PREMIER.

ÉLARGISSEMENT DES RUES DU CENTRE DE PARIS.

Résumé d'un Rapport de M. le vicomte de Senonnes.

Si l'élargissement des vieilles rues de la capitale est d'un intérêt majeur pour les propriétaires de terrains, qui profiteraient du refoulement, vers la circonférence, d'une partie de la population entassée au centre, on ne saurait contester qu'il ne soit un devoir impérieux pour l'administration, puisqu'elle est autorisée suffisamment par la loi, comme on le prouvera tout à l'heure, à prendre les mesures les plus expéditives et les plus efficaces pour élargir et assainir la voie publique dans les quartiers où l'absence des rayons du soleil, l'humidité excessive du sol, la stagnation et l'insalubrité de l'atmosphère, multiplient dans une proportion effrayante les chances de mortalité.

Comment donc se fait-il qu'une amélioration aussi urgente, réclamée par tant d'intérêts publics et privés, soit encore à faire? N'est-ce que d'aujourd'hui que les yeux sont ouverts sur l'étendue du mal, ou bien l'administration, soit par insouciance, soit par timidité, n'a-t-elle su y porter remède? Avant de répondre à ces questions, il importe de jeter un coup d'œil sur les causes d'un état de choses dont tout le monde gémit.

Nous subissons les conséquences d'un système de société qui, fort heureusement, n'existe plus, et dont le premier besoin était la défense des masses. Pendant des siècles, aucune ville du royaume, à commencer par la capitale, ne fut à l'abri d'un coup de main, d'un siége; toutes dûrent être fortifiées, enfermées dans de hautes murailles. Là où la population augmentait, il fallut, faute d'espace, élever les constructions et resserrer les rues. Mais avec le temps, et par des transitions bien lentes, s'établit un ordre nouveau. La résistance à l'invasion ne fut plus organisée qu'aux frontières, et les villes de l'intérieur, la capitale surtout, respirant à l'abri d'un cordon de places fortes, éprouvèrent le besoin d'un mode de construction plus approprié aux progrès de la civilisation. Les vieilles murailles tombèrent successivement, et, successivement aussi, les maisons, jadis élevées au-delà de toute mesure, entassées sans ordre et sans goût, furent assujéties à de sages réglemens, qui fixèrent leur hauteur ainsi que la direction et la largeur des rues. Toutefois la routine et l'habitude sont de si redoutables puissances que l'administration municipale de la ville de Paris n'osa les attaquer qu'avec une extrême circonspection et par des dispositions d'un effet presque insensible.

Chacun sait que la ville ne peut autoriser de percemens de rues, s'ils n'ont trente pieds de largeur au moins; mais qu'investié du droit de prescrire des alignemens, en cas de démolitions de maisons, elle peut déterminer une largeur de plus de trente pieds, suivant que les besoins de la circulation lui en démontrent la convenance ou la nécessité. C'est en vertu de ce droit que l'administration a divisé la ville en quarante-huit quartiers dont les plans devront présenter les recensemens de maisons, élargissemens, redressemens et percemens de rues jugés nécessaires. Nous devons ajouter que cette opération, dont on conçoit aisément toutes les difficultés, n'est pas encore entièrement terminée, mais que, dans peu d'années, les plans de ces quarante-huit quartiers pourront être définitivement arrêtés. Alors il s'agira de pratiquer sur le terrain les améliorations que le papier aura déjà eu tant de peine à recevoir. Mais en combien de temps, dira-t-on, s'opèrera le redressement et l'élargissement de nos rues ? En cent cinquante ans; après quoi nous aurons une capitale qui ne sera pas encore *modèle*, il s'en faut bien, mais qu'au moins il sera à peu près possible de traverser dans tous les sens. Certes on peut s'étonner du calme de l'administration, qui marche tranquillement vers un but si éloigné et prépare, avec confiance, des améliorations que de nouveaux besoins, que des idées nouvelles pourront bien ne pas permettre d'adopter!

Mais pourquoi attendre, pour élargir les rues de Paris, que les maisons tombent de vétusté? L'administration municipale n'a-t-elle que le droit de reconnaître ce qu'il faut faire, et se trouve-t-elle privée de toute force pour agir ?

Il faut recourir ici aux lois qui concèdent à l'administration le droit d'exécuter des travaux d'utilité publique ou des embellissemens, et qui lui fournissent en même temps les moyens d'en user. L'examen de ces lois ne sera pas long : il n'en existe que deux qui forment, à elles seules, toute la législation sur la matière : la loi du 16 septembre 1807 et celle du 8 mars 1810.

La première établit dans quels cas les travaux sont d'utilité publique, et confère à l'administration, non - seulement le droit de faire exproprier pour cette cause, mais encore celui de déterminer le montant des indemnités à accorder aux propriétaires dépossédés

La deuxième, en laissant à l'administration le droit de faire connaître et de déclarer par le gouvernement les motifs d'utilité publique, renvoie aux tribunaux la connaissance et la décision des difficultés qui s'élèveront, entre l'administration et les propriétaires, sur l'importance des indemnités qui peuvent être la conséquence de l'expropriation.

Arrêtons-nous à la première.

Une opinion assez généralement répandue semble accuser cette loi d'insuffisance. Le fait est que l'administration municipale a toujours réclamé avec timidité la déclaration d'utilité publique, et que le gouvernement lui-même, comme effrayé de la rigueur du droit, n'en a jamais usé qu'avec

une extrême réserve. Ne blâmons pas trop préci-
pitamment une retenue inspirée par des motifs
aussi respectables, et contentons-nous de reconnaître ce qui en est résulté. On a admis, tacitement
du moins, que la loi du 16 septembre 1807 ne
conférait pas le droit d'expropriation lorsqu'il s'a-
gissait de simples embellissemens, et que l'élargissement des rues, sauf certains cas très-rares,
ne pouvait être considéré comme étant d'utilité
publique. Cette fausse interprétation de la loi a eu
pour conséquence forcée l'adoption d'un plan d'é-
largissement par voie de démolition pour cause
de vétusté. Elargir les rues, disait-on, c'est embellir
la ville ; or l'embellissement à lui seul ne constitue
pas le fait d'utilité publique ; donc vous ne sauriez,
sans faire violence au droit de propriété, bien plus
respectable, à coup sûr, que tous les projets d'embellissement, élargir la voie publique que lorsque
les constructions dont elle est obstruée seront
tombées, c'est-à-dire dans le cours des siècles.

Considérée sous ce point de vue, la question
pourrait se débattre long-temps sans profit, mais
la loi l'a envisagée de plus haut et sous un autre aspect. Voici ce qu'elle dit, art. 52 : « Dans les villes, les
» alignemens pour l'ouverture des rues nouvelles,
» *pour l'élargissement des anciennes qui ne font*
» *point partie d'une grande route*, ou pour tout
» autre objet d'utilité publique, etc. »

Ainsi la loi estime que l'élargissement des rues
anciennes est un objet d'utilité publique. Et com-

ment, en effet, ne pas souscrire à cette décision, si l'on jette les yeux sur les effrayantes tables de la mortalité dans les vieux quartiers du centre de Paris? Ici, la question d'embellissement ne se présente pas même à l'esprit : c'est le salut de la population qui exige les dispositions les plus promptes, les plus énergiques ; et il faut convenir que la proposition d'un remède dont l'effet salutaire ne se ferait sentir que dans cent cinquante ans, a quelque chose d'insouciant, pour ne pas dire plus, qui s'accorde mal avec l'équité de notre législation, avec l'amour du bien qui anime les dépositaires du pouvoir, et surtout avec l'infatigable bonté de nos Rois. Mais qu'ajouter, si la loi vient elle-même à notre secours? Ecoutons-la :

Art. 35 : « Tous les travaux de salubrité qui in» téressent les villes et les communes seront or» donnés par le gouvernement, et les dépenses sup» portées par les communes intéressées ; » et art. 36 : « Tout ce qui est relatif aux travaux de salubrité » sera réglé par l'administration publique. »

Il faut donc conclure de ces termes exprès que l'administration municipale, armée des art. 35 et 36 de la loi du 16 septembre, doit demander au gouvernement une ordonnance qui déclare l'utilité publique, et nous ne devinons pas, en vérité, comment on pourrait la refuser.

Ajoutons que si, indépendamment des dispositions si expresses que nous avons citées, on continue l'examen de la loi du 16 septembre 1807, et qu'on passe à celui de la loi du 8 mars 1810, on reconnaîtra que tous les cas y ont été prévus, que tous les intérêts, tant ceux des particuliers que des communes, y ont été garantis, que l'appui des tribunaux a été réservé à ceux qui croiront devoir leur soumettre des réclamations, et l'on s'étonnera que la législation ait été taxée d'impuissance lorsqu'elle a, dans une juste mesure, et avec des précautions suffisantes, conféré le droit de déclarer ce qu'il convient de faire et le pouvoir de l'exécuter.

Il est bien entendu, d'ailleurs, qu'en réclamant contre l'application du plan qui renvoie à un siècle et demi l'entier achèvement des travaux réputés depuis long-temps d'urgence, il ne saurait être question de couvrir la ville à l'instant même de démolitions et de ruines, et nous devons, à cette occasion, rappeler que la loi du 8 mars 1810, essentiellement conservatrice du droit de propriété, qui se trouve ainsi placé sous la sauve-garde des tribunaux, s'opposerait à toute conséquence exagérée du droit de déclaration d'utilité publique. Car cette loi n'a pas seulement pour objet de constater l'observation des dispositions prescrites en cas d'expropriation, mais encore de connaître du fond même de cette expropriation. C'est donc au zèle et aux lumières de l'administration, dont l'action se trouve ainsi resserrée dans de justes limites, que nous devons laisser le soin de décider de quelles parties de la ville il est à propos de s'occuper d'abord. Mais il est aisé de comprendre ce que les efforts de l'administration municipale, dirigés tout entiers vers un seul quartier, y introduiraient, en peu d'années, d'utiles améliorations; et nous ne craignons pas d'annoncer que les miracles qui seraient le fruit d'une marche invariable et d'une action constante, dépasseraient rapidement tous les calculs et toutes les prévisions; car les spéculations particulières viendraient promptement accélérer le mouvement imprimé par nos magistrats.

Un grand projet d'élargissement, conçu il y a quelques années, nous a été communiqué, et nous croyons utile d'en rendre compte.

D'après des renseignemens exacts, pris par l'auteur de ce projet, l'exécution de l'élargissement des rues, conformément aux alignemens arrêtés à cette époque, donnerait à la voie publique une largeur de 5o6,378 mètres (1).

Suivant le relevé des opérations faites dans le cours de dix années, la moyenne de la superficie acquise à la ville est de 8oo mètres, d'où il résulte que si l'on persistait à suivre le même système, l'entier achèvement de l'élargissement des rues ne pourrait avoir lieu que dans *plusieurs siècles.*

Pénétré de la nécessité de hâter l'accomplissement d'une aussi grande amélioration, l'auteur a cherché les moyens d'atteindre ce but en peu

______

(1) La révision des plans, commencée depuis cette époque et non terminée encore, ajoutera considérablement au chiffre de 5o6,378 mètres.

d'années et sans ajouter aux dépenses que fait annuellement la ville dans le même but.

Sans entrer dans les détails du projet, nous en rappellerons seulement ici les bases principales, en faisant ressortir les principes ingénieux et pleins de loyauté sur lesquels il repose.

Dans l'intérêt de la spéculation et se fondant sur un mémoire statistique publié par M. le préfet de la Seine, l'auteur démontre qu'en fait d'élargisse-mens, la plus-value qu'obtiendraient les terrains en bordures, accrue des indemnités qui seraient accordées par la ville, assurerait des bénéfices certains aux spéculateurs éclairés qui voudraient concourir à ces travaux.

Dans l'intérêt des propriétaires il établit d'abord le fait incontestable que toute maison sujette à retranchement éprouve une dépréciation effective et toujours croissante ; qu'il est difficile de l'aliéner, et que, dans tous les cas, elle se vend beaucoup au-dessous du prix ordinaire, calculé sur le taux des loyers. Il cherche ensuite à fixer d'une manière invariable le prix de ces maisons au moyen d'un contrat entre la compagnie et le propriétaire, et d'*une assurance contre les dommages* pouvant résulter du retranchement.

Ainsi, au moyen d'une légère prime, le propriétaire est assuré de conserver pour lui et sa famille la valeur réelle et fixe de son immeuble.

En échange d'un aussi grand avantage, la compagnie se réserve le droit d'acheter, suivant les besoins d'élargissement les maisons assurées; mais, ce cas arrivant, elle paie au propriétaire 10 pour 100 en sus de l'estimation déjà faite par le contrat d'assurance.

Tant que la compagnie n'est point en possession de la maison assurée, le propriétaire conserve le droit de l'échanger ou de la vendre à des tiers, à la charge par lui d'en informer préalablement la compagnie.

Mais, par l'effet d'une condition plus avantageuse encore pour le propriétaire, et dont la stipulation est tout-à-fait morale, la compagnie, moyennant une prime de 10 pour 100, laisse à l'assuré la faculté de rentrer en possession de la propriété acquise par elle, *pendant et après* la reconstruction, s'il pensait qu'elle eût pu acquérir une plus-value considérable par le fait de l'élargissement.

On doit ajouter que l'auteur du projet ne fonde cependant point l'espoir du succès de l'opération dont il s'agit sur le seul avantage que présente le mode d'assurance. Il explique, au contraire, comment il entendrait lier ce système avec des acquisitions faites d'avance, à l'amiable, d'un certain nombre de maisons sur divers points désignés avec discernement, et combien il serait profitable, pour la compagnie, d'employer à ces acquisitions la moitié de son capital fixé provisoirement à douze millions.

Telles sont, en résumé, les bases du projet dans

2

l'intérêt duquel nous avons pensé qu'on pourrait introduire utilement quelques modifications.

Ainsi, par exemple, l'opération a semblé bien vaste pour une seule compagnie, et on a été généralement d'avis que sa subdivision entre des compagnies partielles pourrait en assurer davantage le succès.

On a été également d'avis qu'il serait convenable de supprimer le chapitre des constructions, qui pourrait être un sujet d'éloignement pour la plupart des capitalistes non constructeurs.

Enfin, il a paru que l'auteur avait trop compté sur les avantages offerts aux propriétaires, et que, pour arriver au résultat qu'il s'était proposé, il serait nécessaire de faire reconnaître préalablement le principe de l'éviction ou de l'expropriation pour cause d'utilité publique, sauf à n'employer ce moyen qu'après avoir épuisé ceux d'acquisitions amiables.

On nous a assuré que l'auteur ne désapprouverait point nos observations, et il est juste, au surplus, de convenir qu'avec les modifications que nous venons d'indiquer, et même sans ces modifications, ce projet sera toujours une honorable conception que pourront consulter avec fruit les sociétés qui voudraient se livrer à de pareilles entreprises.

Un ancien projet, dont l'exécution contribuerait singulièrement à l'embellissement et à la salubrité de la capitale, en même temps qu'elle donnerait un grand mouvement aux affaires de terrains, a fixé encore l'attention de la réunion.

Nous voulons parler du projet de percement d'une grande rue à partir du Louvre jusqu'à la rue Saint-Antoine.

Résumé d'une Note anonyme.

D'après des calculs qui semblent exacts, la longueur de cette rue serait d'environ 1400 toises, qui donneraient à la voie publique une augmentation d'environ 14,000 toises, dont la dépense est évaluée à *trente-trois millions*.

On ne s'est point dissimulé les réflexions auxquelles cette évaluation peut donner lieu au premier aperçu; mais les esprits les plus prévenus seront bientôt rassurés, s'ils veulent calculer ce que produiraient les déplacemens et placemens nouveaux, les droits de mutation d'immeubles, les prélèvemens de l'octroi sur les matériaux, et si, d'une autre part, on considère aussi que la ville, traitant avec des compagnies, pourrait obtenir de longs délais (vingt ans, par exemple), en payant tous les ans l'intérêt à 5 pour 100, plus la somme suffisante pour l'amortissement.

En prenant pour base la superficie de 14,000 toises abandonnées à la voie publique, et pour prix de ces 14,000 toises le chiffre de 33 millions, on trouve que le prix moyen de chaque toise ressortirait, à une légère fraction près, à 2,400 francs. Ce prix, quoique élevé, n'est point exorbitant, et serait même insuffisant si les entrepreneurs ne devaient pas compter les plus-values des terrains qu'ils ne livreraient pas à la voie publique.

Ainsi, les obligations de l'administration pourraient être de trente-trois millions, ci. 33,000,000

Mais il faudrait en déduire :

1° Les droits de mutation sur les acquisitions premières et sur les rétrocessions, soit de terrains, soit de maisons construites;

2° Les mêmes droits sur les acquisitions en remplacement;

3° Les droits d'octroi sur les matériaux de construction;

Le tout est évalué devoir produire au moins. 17,000,000

La dépense réelle ne serait, en définitive, que de 16,000,000

Somme qu'on amortirait en vingt années, en capital et intérêts, avec 1,400,000 francs environ par année.

Mais on doit remarquer que nous n'avons point fait entrer, dans l'aperçu des produits auxquels l'opération donnerait lieu pour l'Etat et pour la ville de Paris :

1° L'augmentation des impôts résultant de toutes les constructions qui s'élèveraient sur toute la longueur de cette principale rue de Paris;

2° L'augmentation de la perception des impôts

indirects, par suite d'un grand accroissement de consommation, en raison de l'augmentation de la population qu'attireraient de semblables travaux.

Ces produits sont incalculables, et on peut dire qu'avant vingt années les droits résultant d'une semblable opération, au profit de la ville et au profit du fisc, auraient couvert, et au-delà peut-être, les dépenses qu'elle aurait occasionées, et dont l'administration n'aurait fait en quelque sorte que les avances.

L'administration pourrait même escompter d'avance, si nous pouvons nous exprimer ainsi, une partie de ces produits, en accordant, pour un temps donné, une exemption d'impôts aux constructions qui s'élèveraient sur les alignemens de la nouvelle rue.

Il serait sans doute superflu d'expliquer notre pensée à cet égard, et tout le monde concevra que le résultat d'une pareille faveur serait une diminution immédiate de l'indemnité que la ville aurait à payer pour les terrains abandonnés à la voie publique.

Enfin ne pourrait-on pas considérer l'ouverture d'une pareille rue comme l'ouverture d'une grande route, et ne serait-ce pas le cas de l'application de l'article 28 de la loi de septembre 1807, qui met à la charge du gouvernement la moitié de la dépense de semblables travaux ? Cette opinion nous semble d'autant mieux fondée, que ce serait le gouvernement, et non pas la ville de Paris, qui profiterait du bénéfice des droits de mutation et d'autres droits moins directs.

Mais lors même qu'il devrait en coûter quelques millions à la ville de Paris pour faire exécuter une aussi grande entreprise, quel emploi plus honorable et mieux entendu l'administration pourrait-elle faire des fonds destinés à l'embellissement et à l'assainissement de la capitale? quelle est l'opération qui occasionerait un déplacement aussi considérable de population, favoriserait davantage la circulation, mettrait en concurrence une plus forte masse de capitaux, et atteindrait aussi directement le but que paraît se proposer la commission d'enquête?

Disons donc, pour nous résumer, que l'élargissement de plusieurs quartiers de Paris est un des besoins les plus impérieux de la population de cette ville, et une des améliorations réclamées avec le plus d'instance;

Que l'administration est suffisamment autorisée à les entreprendre par les lois de 1807 et de 1810; qu'elle serait sans excuse si elle négligeait plus long-temps ce devoir; que nous avons dû, quant aux ressources affectées à la dépense, nous borner à en indiquer quelques-unes, mais qu'il ne nous appartient pas de donner ici plus de développement à nos idées sur ce point;

Que le percement de la grande rue projetée se rattacherait directement au système d'élargissement, d'assainissement et d'embellissement de la ville de Paris;

Que ces belles et vastes opérations, en y appelant l'industrie particulière, pourraient être exécutées en peu d'années;

Qu'il est urgent, pour la ville, de voir commencer et suivre avec activité des travaux qui purgeraient plusieurs quartiers des miasmes qui les infectent, et y rétabliraient la circulation de l'air qui n'y existent plus, et dont la privation est si funeste aux malheureux qui les habitent;

Que ces travaux nous semblent devoir consister en élargissemens d'anciennes rues, en percemens de rues nouvelles et ouvertures de places; que ces rues et places devraient être plantées, autant que leur largeur pourrait le permettre, attendu l'influence bienfaisante de la végétation sur la salubrité de l'atmosphère;

Que, lors même que les élargissemens dont il s'agit ne pourraient être exécutés qu'au profit de la postérité, il serait encore du devoir de l'administration de ne pas laisser tomber en désuétude les réglemens relatifs aux constructions hors des alignemens;

Qu'il est au vu et au su de chacun de nous que, dans tous les quartiers de Paris, soit par incurie, soit par erreur des agens de l'administration, on répare sans cesse des constructions condamnées au reculement, et que l'autorité doit en être avertie; car si les réglemens actuels sont insuffisans, encore

2[*]

ne faut-il pas les rendre nuls en les observant mal.

Disons enfin aux magistrats qui dirigent l'administration de la capitale, que leurs efforts pour l'accomplissement d'un semblable projet leur assureraient les suffrages et la reconnaissance de la population tout entière, et perpétueraient à jamais le souvenir de leur autorité bienfaisante.

CHAPITRE II.

MODIFICATIONS DES RÉGLEMENS DE VOIRIE, ET RÉGLEMENS ADMINISTRATIFS CONCERNANT LA HAUTEUR DES MAISONS BORDANT LA VOIE PUBLIQUE DANS PARIS.

Parmi les considérations qui sont de nature à influer sur les améliorations que l'autorité a le désir d'apporter dans l'ordre de choses relatif aux constructions nouvelles, il en est deux surtout qui semblent dignes d'occuper son attention :

1º Les réglemens de voirie qui déterminent les divers procédés que l'administration locale permet d'appliquer, ou dont elle restreint l'emploi, suivant les cas, dans toutes les constructions en général qui s'exécutent dans Paris et sa banlieue ;

2º Les réglemens administratifs qui déterminent la hauteur des bâtimens en bordure de la voie publique.

Sur la première question, on a été d'avis que l'exigence des réglemens suivis par l'administration n'est plus en harmonie avec les besoins de l'époque ; que ces réglemens ont dégénéré en habitudes routinières qui empêchent que l'art de bâtir ne participe de la marche ascendante des autres arts, et qu'ils sont, en outre, préjudiciables aux intérêts des particuliers, en les obligeant d'outre-passer, dans beaucoup de cas, le degré de force nécessaire aux constructions qu'ils veulent ériger.

A l'appui de cette assertion, on a établi que nos ancêtres ont bâti des villes dans lesquelles, à côté de monumens remarquables par la force colossale de leurs constructions, on voit des maisons de construction légère dont les minces parois, recouvertes de faibles enduits, ont résisté également aux ravages du temps et subsistent encore après des siècles. On a fait remarquer que tous les peuples du Nord construisent en matériaux légers, faciles à travailler, et qu'ils se sont convaincus que ce mode se concilie parfaitement avec la solidité, première condition d'une bonne construction. On a rappelé aussi les exemples de ces voûtes élégantes, de ces édifices hardis, mais solides, du moyen âge, que nos réglemens actuels, très-nuisibles en cela au développement de l'art, ne permettraient pas de reproduire. Enfin on a cité des exemples plus récens de constructions neuves qui, déclarées en contravention par l'administration, ont été condamnées comme telles à être supprimées, et n'en sont pas moins restées debout, sans donner motif d'inquiétude à leurs habitans, pendant le laps de temps assez considérable qui s'est écoulé depuis leur jugement.

Bien qu'on ait mis en évidence, par des citations de faits, l'insuffisance des réglemens actuels et les préjudices que leur application rigoureuse occasione aux constructeurs, c'est une justice à rendre à l'administration, de reconnaître qu'elle a souvent fermé les yeux sur les infractions et qu'elle les a même favorisées dans quelques cas, lorsqu'il lui a semblé que les innovations avaient un but d'utilité ou d'amélioration. Toutefois on ne regarde pas moins comme très-important d'obtenir qu'elle transforme sa faveur en justice et sa tolérance en droit.

Nous ne préciserons pas ici toutes les parties de la construction sur lesquelles il serait utile d'engager l'administration à se relâcher de sa sévérité. On sentira que l'examen approfondi de ces détails, qui ne mènerait à rien moins qu'à la révision totale des réglemens existans et qu'à la formation d'une théorie complète de l'art de bâtir, s'écarterait du plan que nous avons dû nous tracer. Nous nous bornerons à indiquer les modifications qu'il serait désirable que l'autorité voulût bien adopter immédiatement.

Les argumens produits ont été tirés des diverses parties du bâtiment, principalement de la maçonnerie, de la charpente, de la serrurerie, de la menuiserie et de la couverture, au sujet desquelles on peut dire qu'il n'y a point de petite économie à négliger, parce que la circonspection dans les moindres détails produit un résultat notable sur l'ensemble d'une construction. L'examen de cette question a fait naître la pensée qu'il serait à désirer qu'à l'exemple des habitans de Londres, la population de Paris renonçât à imprimer aux constructions particulières le cachet d'une durée illimitée par l'emploi trop fréquent des matériaux coûteux et de la plus longue résistance ; usage funeste qui obligera nos descendans à abandonner, avant qu'ils soient en état de vétusté, des bâtimens qui ne seront plus en rapport avec les habitudes du temps, comme nous avons été nous-mêmes obligés de démolir des constructions encore très-solides, mais dont on ne pouvait plus se servir, parce que leur distribution ne se prêtait plus à nos usages actuels, ou qu'il en aurait coûté au-delà de leur valeur pour l'approprier à nos goûts et à nos besoins.

C'est, en effet, une erreur bien grande et malheureusement trop accréditée d'admettre que, dans l'intérêt des fortunes et des familles, on doive bâtir pour l'éternité. Un calcul très-simple suffit pour dissiper l'illusion.

Supposez que, pour élever une maison destinée à durer plusieurs siècles, il en coûte 100,000 francs, et que, pour construire sur le même plan une autre maison dont la durée sera calculée pour soixante années seulement, il n'en coûte que 75,000 francs : on aura, dans ce dernier cas, le même revenu pendant soixante années et même pendant beaucoup plus de temps encore, parce que l'expérience démontre que des constructions très-légères existent depuis plusieurs siècles ; et il restera un capital de 25,000 francs, qui, avec les intérêts cumulés, s'élèvera, avant l'expiration des soixante années, à plus de *quatre cent mille francs*. Ce calcul est rigoureux aussi bien que ses conséquences.

Ainsi le père de famille qui aura bâti pour un temps indéfini, dans l'intention d'être utile à ses descendans, leur aura porté, au contraire, un notable préjudice.

Qui pourrait calculer tout ce qu'un système de constructions économiques, s'il eût été adopté à Paris depuis un siècle seulement, y eût apporté d'aisance, tout ce que l'industrie y eût gagné, tout ce que l'Etat en eût retiré !....

Mais l'inconvénient d'une construction dispendieuse n'existe pas uniquement pour les anciennes maisons, il existe encore pour la plupart des maisons nouvelles, attendu que les réglemens de voirie sont toujours les mêmes. La crainte d'avoir à supporter ou de léguer à leurs descendans les lourdes dépenses de l'entretien et des réparations, entre pour beaucoup dans la répugnance qu'un grand nombre de capitalistes éprouvent à devenir propriétaires. Simplifier le mode de construction serait donc à la fois une mesure utile pour les spéculateurs, et un acte de sage prévoyance dont l'influence favorable s'étendrait sur les générations futures.

C'est dans ce but qu'on a demandé des adoucissemens aux injonctions de la voirie. Ainsi, pour la maçonnerie, on désire que l'autorité ne prescrive plus exclusivement l'usage de la pierre ou du moellon, lorsque, dans les cas opportuns, il serait reconnu que des matériaux plus légers, comme la brique par exemple, pourraient sans danger remplir le même objet. Les constructions en briques, à raison de la similitude de poids, de volume, de forme des matériaux et de l'homogénéité de leur substance, sont plus stables et moins susceptibles de tassemens inégaux. Elles exigent aussi moins de temps pour être achevées et mises en état d'être habitées, et diminuent par conséquent les frais d'avances et intérêts d'argent.

A l'égard de la charpente et de la menuiserie, on désire que l'emploi du chêne ne soit plus exigé d'une manière trop absolue, attendu qu'en beaucoup de circonstances l'usage du sapin lui est préférable, et que les bois dits *de qualité*, en chêne, deviennent de jour en jour plus rares, tandis que le commerce livre maintenant les plus beaux sapins à des prix de plus en plus modérés.

La serrurerie, la couverture, la fumisterie, etc., sont les parties du bâtiment sur lesquelles les réglemens de voirie laissent le plus de latitude aux constructeurs. Cependant elles ne sont point encore exemptes de conditions gênantes qui s'opposent à leur perfectionnement ; tels sont, par exemple, l'observation rigoureuse des dispositions requises pour la forme et les passages des tuyaux de cheminées, les établissemens d'âtres, les distances de languettes, etc., toutes minuties résultant de pratiques surannées, tombées en désuétude, et pour lesquelles cependant la construction d'un bâtiment est souvent arrêtée au moment où il est le plus important de presser la besogne et d'arriver à sa fin.

Il n'existe point, rigoureusement parlant, de code de voirie ; les règles n'en sont tracées dans aucun ouvrage où l'on puisse les consulter d'une manière méthodique et certaine ; ces règles sont, en quelque sorte, de tradition.

En donnant force de loi à des procédés de construction qui n'avaient pour garantie que leur ancienneté et l'habitude de les suivre sans les discuter, l'autorité a perpétué des pratiques surannées et paralysé les efforts de l'industrie qui tend toujours aux perfectionnemens. Mais son esprit de sagesse et de justice ne permet pas de douter qu'elle ne se hâte de faire disparaître ce qu'il y a de vicieux dans ces vieilles coutumes, dès qu'on lui en aura démontré les graves inconvéniens.

C'est dans cette persuasion que nous insistons auprès de l'administration sur la nécessité de réunir en un code ou manuel les lois, réglemens et usages qui s'appliquent à l'art de bâtir.

Nous lui demanderons d'encourager l'emploi de la brique et des matériaux légers, dont l'usage, plus répandu dans la capitale, apporterait une économie notable dans le système des constructions, et procurerait au commerce une nouvelle source d'exploitation qui a été trop négligée jusqu'à présent.

Ces idées ne sont pas nouvelles, et on aurait peut-être appliqué plus fréquemment l'usage de la brique et de la chaux aux constructions de la capitale, si les droits d'entrée pour ces matériaux, droits bien supérieurs proportionnellement à ceux que paient le moellon et le plâtre, joints à l'énormité des frais de transport pour tirer la brique des pays qui sont en possession de son commerce, n'eussent rebuté les personnes qui auraient été disposées à les employer. Mais pourquoi la fabrication de la brique ne serait-elle pas autorisée dans Paris ou à ses portes, avec toutes les précautions de sûreté nécessaires, et en imposant particulièrement l'obligation de la cuire à l'air libre, comme on fait en Angleterre et dans les Pays-Bas? La brique ainsi fabriquée est plus forte, plus régulière, plus légère et plus facile à travailler que celle que l'on cuit dans les fours, laquelle n'est indispensable que pour les ouvrages destinés à supporter un haut degré de température.

Pour justifier, ou plutôt pour excuser les anciens réglemens de voirie, quelques personnes ont représenté qu'ils n'avaient dû considérer les constructions que sous un point de vue général et sans distinction des cas particuliers. Elles ont ajouté qu'en matière de voirie il n'était que trop vrai de dire qu'il existe souvent, entre l'administration et les individus, une opposition, une sorte de guerre dont il était du devoir de l'autorité de prévenir les fâcheux effets, en prescrivant des mesures qui, dans la supposition même où elles ne seraient pas toujours de rigoureuse nécessité, auraient toujours l'avantage de pourvoir à la conservation des intérêts généraux. Mais pour répondre à ces objections, il suffit d'un mot : en établissant des règles fixes, applicables à tous les cas, l'administration a méconnu le principe fondamental de l'équité, qui ne veut pas que l'on confonde le fort et le faible, le riche et le pauvre.

Il serait sans doute superflu d'expliquer qu'on n'entend point demander à l'administration qu'elle permette inconsidérément le libre usage des matériaux de toute espèce, mais seulement qu'elle concède à chacun la faculté de faire un sage emploi des matériaux et des procédés de construction que comportent la nature et la destination des bâtimens qu'il veut édifier.

Nous voudrions que l'autorité encourageât, par des réglemens spéciaux, l'érection de maisons de moyennes et de petites dimensions, en rapport avec la condition, les besoins et la fortune des particuliers. Ce genre d'habitations manque à Paris ; on en sent la nécessité. L'usage n'en a été retardé que par le prix exorbitant auquel se sont élevées les constructions, petites ou grandes, par suite de l'énormité des droits d'entrée sur les matières premières, et des exigences de la voirie, qui, secondant l'industrie routinière des ouvriers, favorisent le monopole de certains matériaux, et maintiennent le haut prix de la main-d'œuvre, au grand détriment de l'art de bâtir.

Que si l'administration craignait que la permission de construire des maisons en matériaux légers,

3*

à la condition toutefois de ne les élever que de deux ou trois étages au plus, ne devînt un jour préjudiciable aux acquéreurs successifs de ces immeubles, qui verraient leurs propriétés grevées d'une sorte de servitude à laquelle ils n'auraient point songé, il lui serait très-facile de parer à cet inconvénient en faisant souscrire, dès l'origine, à tous les propriétaires favorisés, l'engagement formel de ne rien changer sans son agrément aux dispositions dont ils seraient convenus avec elle, et en leur en intimant la défense expresse par voie de contrainte légale. De cette manière, sa responsabilité morale serait garantie, et la bonne foi publique ne serait pas trompée.

La faculté d'accorder des tolérances aux constructeurs de maisons à deux ou trois étages seulement n'exclurait pas le droit de maintenir la sévérité des anciens réglemens à l'égard des constructions de quatre, cinq et six étages, si tant est, cependant, que l'intégralité de leurs dispositions soit indispensable à l'exécution des bâtimens de grande hauteur.

Les observations précédentes nous conduisent à l'examen de la seconde question qui a été indiquée au commencement de ce chapitre. Il s'agit de savoir s'il est nécessaire d'apporter quelques modifications aux réglemens touchant la hauteur des constructions qui doivent border la voie publique. On pourrait croire que ce n'est pas l'avis de l'administration, et qu'elle fonde toutes ses espérances d'améliorations sur les seuls réglemens relatifs à l'élargissement des rues.

Pour éclairer la discussion, nous devons rappeler ici les actes de l'autorité souveraine qui régissent la matière. Il n'en existe que deux : la déclaration du roi, du 10 avril 1783, concernant les alignemens et ouvertures de rues dans Paris, et les lettres-patentes du 25 août 1784, concernant la hauteur des maisons de la ville et faubourgs de Paris.

La première loi ordonne, art. 1er, qu'à l'avenir il ne puisse être, sous quelque prétexte que ce soit, ouvert et formé des rues à moins de 30 pieds de largeur, et que les rues actuellement existantes ayant moins de cette largeur, soient élargies successivement au fur et à mesure de la reconstruction des maisons.

La seconde loi ordonne, art. 1er, qu'à l'avenir la hauteur des façades en la ville et faubourgs de Paris sera fixée à raison de la largeur des différentes rues, savoir :

A 54 pieds, pour les rues de 30 pieds de largeur (1) ;

A 45 pieds, pour les rues de 24 à 29 pieds inclusivement ;

A 36 pieds, pour les rues au-dessous de 23 pieds de largeur.

---

(1) Pour éviter les fractions de mètre, l'administration a substitué à 54 pieds 18 mètres, qui font 55 pieds 5 pouces 4 lig.

Le tout mesuré depuis le pavé jusques et y compris les corniches ou entablemens, même les corniches des attiques, ainsi que la hauteur des étages en mansardes qui tiendraient lieu desdits attiques.

Lorsque ces ordonnances parurent, elles eurent l'avantage de régulariser la législation dans une matière où il n'en existait point encore de précise et de raisonnée. On peut dire que c'est de leur apparition que date l'élan de constructions progressivement croissant qui s'est manifesté dans Paris (1).

A cette époque, les dispositions qu'elles indiquent étaient des améliorations notables qui pouvaient paraître suffisantes ; mais depuis, Paris s'est beaucoup accru, sa population s'est augmentée, son commerce s'est étendu, un grand nombre d'établissemens de tout genre, publics et particuliers, s'y sont formés, la circulation y est devenue plus active, les moyens de transport, de roulage, de mouvemens divers, y ont pris un grand accroissement.

Il est résulté de là que les dispositions qui pouvaient être bonnes en 1784 sont aujourd'hui insuffisantes, et qu'elles présentent même des obstacles à la tendance, toujours croissante, du développement de l'industrie.

L'autorité elle-même a si bien senti le besoin

(1) Soixante-douze communications nouvelles ont été ouvertes, en moins de quinze années, sous le règne, de trop courte durée, de l'infortuné Louis XVI.

des améliorations, qu'elle a jugé à propos de **ne**
pas s'en tenir au *minimum* fixé par les ordonnances, et qu'elle a provoqué l'élargissement, à
12 mètres et plus, d'un grand nombre de rues dont
la largeur avait été arrêtée d'abord au terme légal
de 10 mètres. Mais elle n'a rien changé à la hauteur
des maisons qui bordent les rues.

Une conséquence fâcheuse qui résulte du texte
des ordonnances précitées, c'est qu'en favorisant
l'ouverture des rues nouvelles à 30 pieds de largeur, elles ont donné lieu à l'augmentation du
nombre des maisons de 54 pieds de hauteur; or,
l'expérience a démontré que cette proportion donnant aux rues une hauteur à peu près double de
leur largeur, il n'en résulterait pas une disposition
assez favorable pour l'introduction de l'air et de
la lumière dans les habitations, surtout lorsque,
comme dans les quartiers du centre, les maisons
n'ont point de cours, ou qu'elles en ont de trop
étroites pour servir d'auxiliaires à la voie publique.

Ce serait donc aujourd'hui une mesure salutaire
que celle qui modifierait les réglemens de voirie
existans, de manière qu'ils ne permissent plus d'é-
lever les bâtimens à la hauteur de 54 pieds dans
les rues de 30 pieds de largeur.

C'est principalement pour les rues de 10 mètres
qu'un changement aux règles actuelles est nécessaire, attendu que les rues de cette largeur sont
celles qui doivent le plus se multiplier dans Paris.
Quant aux rues qui ont moins de 10 mètres, elles

éprouveront successivement lés avantages de l'é-
largissement, sans qu'il soit besoin de modifier les
parties de la législation qui les concernent.

Ici s'élève la question de savoir si la défense de
construire des bâtimens de 54 pieds de hauteur
devrait s'étendre aux voies publiques de plus de
10 mètres de largeur.

Quelques personnes ont été d'avis que, sur les
voies larges, telles que les quais, les boulevards,
les places, il convenait que les constructions fussent en proportion de masses et de hauteur avec
les espaces ou les monumens qu'elles avoisinent;
que d'ailleurs ces voies devant être les plus recher-
chées, il paraissait juste de laisser aux propriétaires la faculté d'exploiter leurs terrains comme
ils l'entendraient.

Mais, a-t-on répondu, le bon effet des constructions consiste moins dans leur masse et leur hauteur, que dans l'harmonie de leurs proportions.
La belle ligne de la rue de Rivoli serait plus belle
encore si elle n'était surchargée d'étages en attique
et en mansardes. On ne voit pas quel effet si heureux résulte de la comparaison et du contraste
d'un magnifique monument, tel que la Bourse, par
exemple, avec ces habitations hautes, vastes, mo-
notones, criblées de croisées, qui limitent la plupart de nos places. Mieux vaudrait, sans doute,
pour la satisfaction de l'œil, une suite de bâtimens
moins élevés et surtout mieux proportionnés. Et
quant à la faculté de multiplier les étages pour

augmenter les produits, il n'y a pas lieu de l'exercer sur les quais, les places, les boulevards plus que partout ailleurs, le genre de construction dont il s'agit convenant moins que tout autre à la population aisée, à qui les beaux quartiers sont plus particulièrement dévolus.

Tout n'est pas dit encore sur cette question. Il nous reste à faire valoir des considérations du plus haut intérêt pour les propriétaires et les constructeurs. Que pourra-t-on objecter contre notre proposition, si les faits démontrent que, dans la plupart des cas, c'est une mauvaise spéculation d'élever les maisons jusqu'à la hauteur de 54 pieds ? Nous ajouterons qu'ici les intérêts de la société tout entière s'accordent admirablement avec ceux des particuliers.

Plusieurs personnes ont pensé qu'au nombre des causes qui ont contribué aux pertes que beaucoup de spéculateurs ont éprouvées dans leurs opérations, on devait mettre en première ligne la faute d'avoir donné aux bâtimens une hauteur trop considérable ; elles ont même entrepris de démontrer la vérité de leur opinion par des calculs rigoureux, en prenant pour exemples des bâtimens neufs situés dans les quartiers du centre les plus populeux.

La comparaison de la masse des dépenses avec les produits nets, les a conduites à cette conclusion, qu'il y a eu déficit toutes les fois que les bâtimens ont été élevés au-delà du troisième étage, tandis qu'il y a eu au moins équilibre toutes les fois que les bâtimens n'ont pas dépassé cette hauteur; en sorte que, suivant elles, les spéculateurs qui ont perdu en contruisant des bâtimens très-élevés au-raient retrouvé leurs avances, dans les cas même les plus défavorables, s'ils s'étaient bornés à n'atteindre que le troisième étage.

Il est à remarquer que cette opinion a été appuyée principalement par des architectes et constructeurs qui ont eu occasion de faire, dans la capitale, les opérations les plus importantes, tant pour leur propre compte que pour celui d'autrui; ce qui établit une grande présomption en sa faveur, puisqu'elle semble être le résultat incontestable de l'expérience. Toutefois elle a été combattue par un grand nombre de personnes, non moins expérimentées, qui persistent à croire que, dans les quartiers populeux surtout, là où le prix des terrains est extrêmement élevé, il y a avantage à établir des bâtimens de la plus grande hauteur.

En admettant cependant que la question fût encore indécise sous le rapport des chiffres, les opinions se sont accordées sur des faits d'application qui, dans le plus grand nombre de cas, tendraient à la résoudre affirmativement.

On ne peut disconvenir d'abord que, plus une maison est populeuse, moins il est facile de la tenir au complet de son revenu. Il n'est pas rare à Paris, qu'après des agrandissemens faits à une maison, le propriétaire ne retrouve plus le prix

qu'il retirait de ses principales locations, soit parce
que les appartemens ont perdu de leur commodité par une diminution de vue, d'air et de lumière,
soit par la réduction de leurs accessoires en écuries,
remises, chambres de domestiques, etc., soit enfin
parce que les locataires appréhendent avec raison
le conflit d'une trop grande population.

En effet, les hautes et vastes maisons à cinq ou
six étages subdivisés en une multitude de logemens,
sont presque toujours mal habitées, attendu que,
pour les mettre en valeur, les propriétaires sont
obligés d'y recevoir, sans aucune garantie de mo-
ralité, une foule d'individus inconnus les uns aux
autres.

Les maisons de petites dimensions, en hauteur
ou en étendue, sont beaucoup moins dispendieuses
et moins longues à construire; elles exigent des
capitaux moins considérables; elles sont habitables
beaucoup plus tôt, ce qui évite encore des frais
d'intérêt qui ne sont pas sans importance; et leur
prix étant à la portée d'un plus grand nombre de
capitalistes, la vente en est plus facile et plus avantageuse pour le constructeur.

On peut apprécier les avantages qui résulteraient
pour nous d'un meilleur système de construction,
par la comparaison de Paris avec les villes de
l'Angleterre et des pays du Nord, où les maisons,
généralement basses et peu spacieuses, offrent à
l'œil un aspect de propreté et de bonne tenue que
l'on est bien loin de retrouver ici, et qui tient es-

sentiellement aux habitudes calmes, douces et soigneuses que contractent les familles dans des demeures où elles ne sont point exposées au contact incommode et souvent corrupteur d'une foule de gens turbulens et malpropres.

Ces graves inconvéniens existent sur tous les points populeux de la capitale ; mais ils deviennent de plus en plus sensibles à mesure que l'on approche des quartiers du centre, où l'exiguité de la voie publique ajoute aux dangers de l'encombrement ceux de l'infection et de l'insalubrité (1).

(1) A l'appui de ce que nous venons de dire, nous joignons une déclaration qui est de grand poids par les signatures dont elle est revêtue :

« Les architectes et entrepreneurs soussignés, tous construc-
» teurs et propriétaires à Paris, consultés par M. Callou, l'un
» d'eux, sur ces questions :

» 1° Est-il avantageux pour les spéculateurs ou les proprié-
» taires de construire, dans le centre de Paris, des maisons ayant
» un rez-de-chaussée, un entresol, quatre étages carrés au-
» dessus, et un étage en mansardes ou lucarnes ?

» 2° Est-il plus avantageux (toujours dans le centre) de n'é-
» lever que des maisons à deux étages carrés, au-dessus du
» rez-de-chaussée et de l'entresol, toujours avec un étage en
» mansardes ?

» Ont été d'avis qu'avec le luxe qui règne actuellement dans
» les appartemens, l'intérêt de l'argent employé à construire
» les troisième et quatrième étages n'est jamais payé par le
» revenu ;

» Que si on construit de simples chambres sans aucun luxe,
» l'intérêt devient encore plus faible ;

» Que ces maisons à quatre étages ont l'inconvénient d'at-

En sollicitant auprès de l'autorité l'adoption de
mesures, les unes restrictives, les autres de tolé-

» tirer un grand nombre de petits locataires dans les étages su-
» périeurs;

» Que la location des étages inférieurs perd en raison de ce
» voisinage;

» Que ce grand nombre d'individus mis les uns au-dessus
» des autres, dans chaque maison, empêche d'arriver à cette
» propreté si désirable qu'on remarque chez les peuples du
» Nord;

» Que les capitaux qu'on sème pour faire deux villes l'une
» sur l'autre font que les propriétés à vendre ne sont plus en
» rapport avec les fortunes des particuliers qui voudraient
» acquérir;

» Que trop de faits attestent cette dernière proposition;

» Que de ces causes est résultée la stagnation dans les affaires
» de terrains;

» Que le trop grand prix des immeubles a empêché de les
» vendre à leur valeur, et qu'il a fallu (encore quand on l'a
» pu) les donner à vil prix;

» Que cela ne serait pas arrivé si on n'eût construit que des
» maisons à deux étages, sur rez-de-chaussée et entresol, ce
» qui eût été plus avantageux, ainsi que des exemples le
» prouvent.

» En conséquence, les soussignés pensent que le droit d'é-
» lever à dix-huit mètres doit être restreint, et qu'il n'en ré-
» sultera aucun inconvénient.

» Fait à Paris, le 26 janvier 1829.

» *Signé* MESLIER jᵉ, ANDELLE, MARCEL, G. CALLOU,
    » LÉONARD VIOLET, ALBOUY, BIET, L. PETIT,
    » MARCEL jᵉ, JAUME, FROMENTIN, MESLIER
    » aîné, REDOUTÉ.

» Je partage cette opinion, à cela près que je voudrais que

rance, qui tendraient également à multiplier dans Paris l'usage des maisons peu élevées, d'une construction légère et par conséquent d'un prix très-modéré, nous ne disons rien que ne souhaitent depuis long-temps toutes les personnes capables d'apprécier l'heureuse influence qu'un tel changement dans la manière de construire aurait sur l'assainissement de la capitale, et sur l'amélioration de notre régime social. Que cette idée provienne de l'exemple donné par les étrangers, ou de la force des choses dans l'état de la civilisation actuelle, ou bien encore de ces deux causes réunies, agissant simultanément sur les esprits, là n'est point la question; il suffit que les espérances qu'elle fait naître soient fondées, pour qu'elle mérite d'attirer l'attention de l'autorité. Or, personne ne saurait nier que l'un des plus utiles effets de ce système

» le *nombre seul* des étages fût restreint, c'est-à-dire qu'on ne » pût pas élever plus d'un rez-de-chaussée, entresol, deux éta-» ges carrés, ou trois étages carrés sans entresol, et un étage en » mansardes.

» Signé DUFAUD.

» Je me joins à l'opinion de M. Dufaud.

» Signé VAUTIER. »

M. Callou a fortifié cette déclaration du témoignage de sa propre expérience, exprimée par des chiffres. Le tableau des frais des constructions qu'il a faites, comparé à celui du revenu que donnent ces mêmes constructions, montre que toutes les fois qu'il a élevé plus de trois étages carrés sur rez-de-chaussée, il y a eu diminution de l'intérêt du capital employé.

de construction ne fût de déshabituer peu à peu la population de s'entasser dans les quartiers du centre, où elle est exposée à tous les dangers que nous avons signalés; de répartir plus également cette population sur le sol de Paris, et d'étendre le commerce et les relations sociales dans des quartiers restés déserts jusqu'à ce jour, à cause de leur éloignement du foyer des affaires.

On nous reprochera peut-être d'avoir donné trop d'étendue à cette discussion ; mais la matière est si importante, elle se rattache à tant d'intérêts publics et privés, les préjugés l'ont atteinte si profondé-ment, que nous avons cru indispensable de l'exa-miner sur toutes ses faces.

Il résulte de tout ce qui précède :

Qu'il est constant que les réglemens partiels et les ordonnances isolées sur la voirie, ne peuvent plus suffire aux besoins actuels, et que souvent même ils sont aussi nuisibles aux propriétaires qu'inutiles à la sûreté publique;

Que parmi les plus graves inconvéniens qu'ils présentent, nous devons signaler l'obligation de faire choix des matériaux les plus chers et les plus difficiles à travailler; ce qui rend la construction très-dispendieuse, aggrave les charges de l'entre-tien et des réparations, et s'oppose aux reconstruc-tions qui seraient utiles pour accélérer l'élargisse-ment des rues de Paris ;

Que l'autorité devrait laisser à chacun la faculté

de faire emploi des matières et du mode de construction , dans le juste degré de force et de résistance, qui conviendraient le mieux à la destination et à la nature des bàtimens, et sous la réserve toutefois d'une bonne exécution ;

Qu'en facilitant dans Paris la multiplication de bàtimens d'une construction légère et peu dispendieuse, l'administration n'opèrerait pas seulement dans l'intérêt privé des habitans, mais qu'elle préparerait, pour un avenir prochain, une amélioration réelle dans le régime social , en même temps qu'elle conserverait à l'industrie une masse de capitaux très-considérable ;

Que , pour hâter ce résultat, il serait à propos qu'elle rendît plus facile et moins onéreuse l'importation des matériaux de diverses sortes qui sont propres à la construction , qu'elle encourageât leur exploitation, et que même , au besoin, elle permît leur fabrication sur place lorsque les circonstances locales ne s'y opposeraient pas ;

Que l'élargissement de la voie publique, si désiré et si nécessaire, ne produira jamais tout le bien que l'administration en attend si elle laisse subsister l'autorisation de construire, dans des rues de 10 mètres de largeur, des maisons de 18 mètres de hauteur, lesquelles s'opposent au libre mouvement de l'air, et ne permettent que très-rarement aux rayons du soleil de frapper le pavé ; que, du reste, cette restriction ne saurait alarmer les constructeurs , qui n'ignorent pas que dans la plupart des cas, et par suite de causes diverses, il est avantageux de n'élever que trois étages carrés au-dessus du rez-de-chaussée ;

Que l'on pourrait tolérer par exception des bâtimens de 18 mètres de hauteur sur les terrains qui bordent les grandes voies, mais que cette tolérance ne devrait être accordée que pour celles de 20 mètres de largeur au moins ;

Que, si l'autorité admettait nos propositions, il s'ensuivrait que la population abandonnerait peu à peu l'usage des maisons à nombreuses locations, et qu'elle s'habituerait à se caser dans des maisons peu spacieuses, où elle trouverait la salubrité et la commodité ;

Qu'attendu qu'il n'existe aucun ouvrage méthodique qui présente l'ensemble des règles et de la jurisprudence administratives en matière de construction, il serait à souhaiter que l'administration fît rédiger un code de voirie dans lequel chacun pourrait prendre connaissance des droits réciproques de l'intérêt général et de l'intérêt particulier ;

Enfin que, provisoirement et sans attendre ce code qui exige de longues méditations, l'administration ferait très-bien d'autoriser les constructions légères et l'emploi des matériaux qui y sont propres.

CHAPITRE III.

EXEMPTION D'IMPÔTS, DIMINUTION DES DROITS DE MU-
TATION ET DES DROITS D'OCTROI SUR LES MATÉRIAUX
EMPLOYÉS AUX CONSTRUCTIONS.

En réclamant la bienveillance de l'administration en faveur de l'industrie immobilière, la Réunion n'a jamais perdu de vue qu'il lui était interdit de demander le sacrifice des intérêts légitimes des autres administrés et des ressources du trésor. Ce n'est qu'après le plus sérieux examen qu'elle a cru pouvoir solliciter, sans enfreindre la règle que la justice et la raison lui avaient prescrite,

1º Une exemption temporaire des impositions foncières pour les nouvelles constructions;

2º La diminution des droits de mutation pour tout le royaume ;

3º La diminution des droits d'octroi sur les matériaux propres aux constructions de la capitale.

Un calcul extrait d'un excellent travail d'un membre de la Réunion (1) va prouver que ces demandes n'ont rien d'exagéré.

Supposons, avec l'auteur, une maison qui aura

(1) M. Constantin.

coûté 100,000 francs pour le terrain, les matériaux et la main-d'œuvre, et voyons à combien reviendront les droits qu'elle devra supporter, en comprenant tous les frais d'octroi, de mutation, de contrat et d'impositions foncières :

Terrain, $^2/_8$. . . .	25,000 f.	Droits de mut., 8 p. °/₀.	2,000 f.
Matériaux, $^3/_8$ . .	37,500 f.	Droits d'entr., 15 p. °/₀.	5,625
Main-d'œuvre, $^3/_8$.	37,500 f.		

    Total. . . . . 100,000 f.

Droits de mutation sur la vente de la maison, sur 100,000 fr. seulement, 8 p. °/₀. 8,000

Rente à servir pour l'acquittement de l'impôt foncier, 800 fr., faisant un capital de 16,666

                                32,291 f.

Ainsi les droits de tout genre auront augmenté la dépense d'un tiers en sus du prix de l'établissement matériel de la maison.

Qu'on ne nous accuse pas d'avoir grossi les chiffres : nous prouverions, au besoin, que nous nous sommes tenus au-dessous de la vérité. Quelle intelligence, nous le demandons, serait capable de lutter avec avantage contre des droits aussi énormes ? Faut-il s'étonner que les capitalistes n'osent spéculer sur les constructions; que les terrains les mieux situés restent nus; que la population, qui va toujours croissant, s'amasse de plus en plus dans les anciens quartiers, et que les loyers se soutiennent à des prix exorbitans ?

Examinons les moyens de remédier au mal.

1° *Exemption temporaire des impositions foncières pour les nouvelles constructions.*

Nous demandons pendant dix, vingt ou trente ans une exemption de contributions qui porterait sur les constructions, mais non sur les terrains, afin de ne pas augmenter les charges des autres contribuables.

L'administration classerait les terrains suivant qu'il lui importerait plus ou moins d'y attirer la population; et, pour que de grands chantiers, ouverts au dedans et au dehors, occupassent bientôt une multitude de bras devenus oisifs par les malheurs des temps, et que d'utiles résultats suivissent de près les concessions qu'elle accorderait, elle traiterait les propriétaires avec d'autant plus de libéralité qu'ils auraient mis plus de zèle à couvrir leurs terrains de nouvelles constructions.

Prenons pour exemple une localité classée parmi celles dont les propriétaires pourraient prétendre à trente ans d'exemption, à partir du jour de la promulgation de la loi : ce *maximum* ne serait accordé que pour les bâtimens construits pendant les six premières années; il serait réduit à vingt ans pour les bâtimens construits depuis la sixième jusqu'à la dixième année, et à quinze ans pour les bâtimens construits depuis la dixième jusqu'à la douzième année. Dans ce dernier cas, les propriétaires ne jouiraient guère que du bénéfice de la loi du 23 novembre 1790.

Il s'en faut bien que l'exemption d'imposition foncière soit une mesure nouvelle dans nos lois ou ordonnances administratives. De temps immémorial, elle a existé pour les desséchemens et les défrichemens. Le législateur s'est fondé sur ce qu'il *est dans l'intérêt général d'encourager les conquêtes sur la matière morte*, c'est-à-dire sur les terrains improductifs.

Or, ce principe est rigoureusement applicable aux nouvelles constructions de Paris, lesquelles donnent une valeur considérable à un sol qui ne produisait rien, ou du moins ne produisait que peu de chose. La loi commune ne lève d'impositions sur une maison que deux ans après qu'elle a été bâtie, parce qu'il est à supposer qu'elle ne donnera aucun revenu avant l'expiration de ce temps. Une exemption de cette nature ne saurait être considérée comme une immunité. Mais il n'en est pas de même des actes spéciaux, rendus successivement, qui accordent pendant vingt-cinq ou trente ans une exemption d'impôts pour les constructions des rues de Rivoli et de Castiglione, à Paris, pour la place Bellecour, à Lyon, pour Bourbon-Vendée, Orléans, Bressuire, Châtillon, Argenton-le-Château et Rouen. Ce sont là de véritables immunités.

Il s'agissait, tantôt de faciliter la vente de terrains appartenant à l'Etat et d'embellir la résidence royale, tantôt de rendre l'existence à des propriétés détruites par les orages de la révolution, tantôt d'attirer dans une ville que la politique improvisait, une population qui ne s'y agglomérait qu'avec une extrême répugnance ; tantôt enfin d'élargir, de redresser, d'embellir les quais de l'une de nos cités les plus industrieuses et les plus commerçantes : nous voulons parler de Rouen. Il n'est peut-être pas inutile de rappeler les formalités admises dans cette dernière occasion. Sur la requête du conseil municipal, le rapport du Ministre de l'Intérieur et l'avis du Conseil d'État, le Roi rendit le 8 octobre 1815 une ordonnance portant, article 6 : *Il est accordé une exemption de contributions foncières, jusques et y compris l'année 1840, pour les édifices qui seraient élevés* (dans les localités et l'alignement indiqués par l'ordonnance) *d'ici à l'année 1830 pour tout délai.*

Les nouveaux quartiers que nous avons commencés, à la grande satisfaction du public et de l'administration, mériteraient-ils donc moins de faveur, et la chute ou le succès de nos entreprises seraient-ils sans influence sur la prospérité de la capitale ? Nous ne le pensons pas. La dépréciation prolongée des valeurs que nous avons créées à l'aide de nos capitaux et de notre industrie serait, nous l'osons dire, une calamité publique, tant sont multipliés les intérêts qui se rattachent directement ou indirectement à nos opérations !

Si une loi faite en faveur d'un ou de plusieurs particuliers est odieuse quand elle blesse les intérêts d'un tiers, elle prend un caractère tout opposé quand le tiers n'en souffre pas. C'est l'opinion des plus savans jurisconsultes. Or, il est à remarquer que, dans la question qui nous intéresse, les tiers, nous voulons dire le trésor public, l'administration départementale et communale et les administrés, loin d'avoir motif pour se plaindre si l'exemption réclamée nous était accordée, en retireraient au contraire de grands avantages.

A la vérité le trésor est tout-à-fait désintéressé pour ce qui concerne l'impôt foncier des nouvelles constructions, attendu que le contingent de la ville est irrévocablement fixé ; mais il n'en est pas de même des perceptions indirectes, qui deviendront beaucoup plus productives par l'accroissement de la population et de l'industrie. La même cause grossirait aussi les recettes de l'octroi municipal.

Mais, dit-on, les nouveaux quartiers ne pourraient se peupler qu'en enlevant la population aux anciens, de sorte que la décadence de ceux-ci serait la conséquence inévitable de la prospérité de ceux-là. Certes, on ne saurait nous faire une objection dont la réfutation fût plus facile. Il est dans la nature des choses que le gros de la population se presse toujours vers le centre. La création de la Chaussée-d'Antin n'a pas rendu désertes les maisons qui avoisinent le Palais-Royal. Les quartiers neufs Charles-Dix et Saint-Georges ne causeront pas la ruine des anciens quartiers auxquels ils sont contigus. L'accroissement récent et progressif de la valeur des propriétés du faubourg Poissonnière, de la rue de Provence et des rues adjacentes, est une preuve manifeste du contraire. Toutefois (et nous devons le déclarer dans l'intérêt même de notre cause) la concurrence qui résulterait de ce que le nombre des maisons serait plus considérable tendrait à débarrasser peu à peu le centre de Paris de sa population surabondante, et par conséquent à faire baisser le prix excessif des loyers. Il y aurait donc soulagement pour la masse des administrés ; car la moyenne du nombre des habitans par maison est de trente, et comme beaucoup de propriétaires possèdent plusieurs maisons, on peut juger combien est grand le nombre des individus logés à loyer, en comparaison de celui des propriétaires. Du reste, la légère réduction de revenu que ces derniers éprouveraient serait bientôt compensée par la diminution de la cote de l'impôt foncier, puisque le contingent fixe serait supporté par un plus grand nombre de propriétés.

Et ce ne serait pas les seuls avantages que Paris recueillerait de ses nouvelles conquêtes, l'accroissement de la population amènerait l'accroissement de la richesse industrielle. Les emplacemens commodes ne manqueraient plus aux chantiers, aux magasins, aux usines, aux manufactures. La classe pauvre pourrait compter sur un salaire, et la classe opulente sur un emploi utile de ses capitaux. La prospérité de Paris gagnerait de proche en proche jusqu'aux extrémités de la France. Paris est le centre des richesses et des lumières : plus sa puissance commerciale et industrielle s'accroîtra, plus les départemens y trouveront de ressources pour de grandes et utiles entreprises. Il faut que les capitaux regorgent ici pour qu'ils s'épanchent et portent au loin leur vertu créatrice.

Il semblerait que nous devrions garder le silence sur tout ce qui est étranger à Paris, puisque nous ne nous sommes réunis que pour examiner nos intérêts communaux. Mais, dans la question dont il s'agit, la cause de la capitale est inséparable de celle de sa banlieue et des villes départementales. Elles ont suivi l'exemple de Paris; elles ressentaient les mêmes besoins, elles éprouvent les mêmes revers, elles ont droit aux mêmes bienfaits.

2° *Diminution des droits de mutation.*

Un impôt qui, au lieu de frapper les revenus, agit directement sur les capitaux, est vicieux, en ce sens qu'il attaque la richesse dans sa source. Le mal est grand si l'impôt est excessif, et c'est précisément le cas des droits de mutation, qui s'élèvent souvent, y compris les frais et accessoires, à plus de 8 pour 100. Depuis long-temps, et de tous côtés, des plaintes s'élèvent contre cette charge désastreuse. On s'écrie qu'il est urgent d'en alléger le poids; mais, en dépit de la clameur universelle, il reste toujours le même (1).

Indépendamment du vice inhérent à tout impôt prélevé sur les capitaux, deux graves inconvéniens résultent de la trop grande élévation des droits de

(1) Après treize années de paix, le fisc perçoit encore au-

mutation : d'une part, il se fait beaucoup moins de ventes et de reventes; de là préjudice pour le fisc et pour les particuliers; d'autre part, les contractans s'entendent souvent pour attribuer aux propriétés un prix nominal inférieur au prix réel, ou même pour passer des actes de vente sous signatures privées; nouveau préjudice pour le fisc, et inconvéniens très-graves pour les particuliers. La dépréciation des propriétés est ordinairement la conséquence funeste de ces estimations frauduleuses ou de ces transactions sans garanties légales.

Tous les jurisconsultes, les notaires et les hommes qui ont fait une étude sérieuse de l'économie politique, sont convaincus que si les droits de mutation étaient fortement réduits, ils produiraient davantage. On nous assure que c'est aussi l'avis de plusieurs personnages éminens, dont l'autorité, en matière de finances, est des plus imposantes.

Après avoir rendu au pays l'immense service de la réduction, si désirée, des droits de mutation, le législateur pourrait, sans le moindre scrupule, frapper de nullité tous les actes sous signatures privées qui ne seraient pas enregistrés dans un délai déterminé. Cette disposition ferait rentrer beaucoup d'argent au trésor public, et elle rendrait aux titres de propriétés le caractère d'authenticité sans lequel le propriétaire ne jouit qu'incomplètement de ses droits.

jourd'hui, et à titre de droit de *subvention de guerre,* un décime par franc en sus du droit principal.

3⁰ *Diminution des droits d'octroi sur les matériaux propres aux constructions.*

Ces droits s'élèvent à environ 15 p. %, et l'on a vu précédemment que les exigences des réglemens de voirie étaient excessives, et que, par conséquent, les capitaux employés à la construction des maisons surpassaient de beaucoup ce qui serait nécessaire pour la sûreté publique et privée. Ce superflu de dépenses est cause du haut prix des loyers ; ils sont disproportionnés avec la plupart des fortunes. De là vient que chacun se presse et se gêne pour occuper le moins d'espace possible. La population s'amasse à la fois au centre et en dehors de Paris ; mais entre les quartiers habités et les murailles d'enceinte il existe une large zone presque déserte, coupée de distance en distance par les longs faubourgs qui conduisent aux barrières. Cette zone est en quelque sorte condamnée à ne rien produire.

Il y a donc nécessité, dans l'intérêt de la ville de Paris autant que dans l'intérêt des propriétaires, que les droits d'octroi sur les matériaux servant à la construction soient diminués. Cette mesure, combinée avec la réduction des droits de mutation et l'exemption temporaire de la contribution foncière, aurait une merveilleuse influence sur la prospérité de la capitale. Alors les quartiers neufs se couvriraient de maisons, les loyers descendraient à un prix modéré, et la population, au lieu de s'entasser, s'étendrait. Mais si, contre toute probabilité, l'administration fermait l'oreille à nos prières, cette portion centrale de Paris, populeuse, riche, active, industrieuse, resterait comme une oasis environnée de déserts.

L'administration, dit-on, craint de s'appauvrir en baissant les droits ! Qu'il nous soit permis, à ce sujet, de rappeler ce qui s'est passé, à une époque peu éloignée, chez nos voisins d'outre mer.

Vers la fin de 1825, l'Angleterre éprouvait une des plus terribles crises financières qui aient jamais affligé un pays. Des spéculations bien moins excusables que les nôtres venaient de renverser de grandes fortunes; les banqueroutes se succédaient avec une effrayante rapidité ; les malheurs des particuliers compromettaient le crédit public; enfin tout annonçait une catastrophe dont le contrecoup retentirait jusqu'aux extrémités du monde. Dans ces graves conjonctures, que fit le gouvernement? Il réduisit de moitié et plus les droits sur la majeure partie des objets de consommation; il supprima presqu'en entier les droits sur les matières premières, et bientôt l'industrie reprit son activité, la consommation augmenta, et la confiance se rétablit, si bien que les produits du fisc, en 1827, furent plus considérables qu'ils n'avaient été en 1824.

Après une si mémorable expérience, tout commentaire devient surabondant.

CHAPITRE IV.

DÉBARRAS ET AMÉLIORATIONS DE LA VOIE PUBLIQUE.

Quand on considère que 17,000 voitures et charrettes de toutes sortes et 34,000 chevaux parcourent sans cesse les rues de la capitale (1), on ne doit pas s'étonner que, dans les quartiers populeux et resserrés, la circulation soit si souvent interrompue, et qu'il ne se passe pas de jours sans qu'on ait à gémir d'accidens plus ou moins graves.

Si l'on réfléchit en outre à la foule d'abus qui se commettent sur la voie publique, et aux envahissemens que chacun en fait dans son intérêt privé, on reconnaîtra bientôt que demander des mesures propres à la débarrasser et à l'améliorer, c'est servir l'intérêt général. Toutefois, nous devons nous hâter de le dire, la Réunion, en abordant cette question, n'a jamais pensé que les abus qu'elle pourrait signaler fussent ignorés de l'autorité. Elle savait, au contraire, que ces abus étaient l'objet de la sollicitude du magistrat à qui le Roi a confié le soin de les réprimer, et dont la

(1) Extrait du Mémoire communiqué par M. le préfet de la Seine.

pensée s'est révélée par des réformes importantes qui ont devancé nos réclamations. Mais il nous a semblé que ce serait ajouter une considération de plus en faveur des améliorations que de prouver qu'elles deviendraient un véritable bienfait pour les propriétaires de terrains et pour les constructeurs.

En effet, s'il est évident que, pour la salubrité publique et la facilité de la circulation, l'administration doive vivement désirer qu'une partie de la population du centre se porte vers la circonférence, il n'est pas moins évident que ce déplacement serait tout ce qui pourrait nous arriver de plus heureux. Or, un des meilleurs moyens de le produire, est, sans contredit, de rendre à sa véritable destination la voie publique, envahie de toutes parts, et d'améliorer le pavage et le balayage des quartiers de la circonférence, afin de les rendre plus praticables et d'y attirer la population qui s'entasse dans les quartiers du centre.

Du reste, nous n'avons point à solliciter une nouvelle législation contre l'envahissement de la voie publique. Tout est prévu dans les ordonnances et les lois rendues depuis l'an 1600 jusqu'à nos jours, et dont l'énumération serait ici superflue. Notre tâche se bornera donc à en demander la stricte exécution, avec les délais et les ménagemens nécessaires pour changer des habitudes et réformer des abus que beaucoup d'individus peuvent encore regarder comme un droit, ou du moins comme une faculté dont chacun peut user comme ils en usent eux-mêmes.

Ainsi, en commençant par faire justice, dans le sein même de la Réunion, et au préjudice d'une grande partie des membres qui la composent, on a signalé, comme un abus contraire aux ordonnances et aux lois, les dépôts d'une quantité immense de matériaux de constructions, et on a demandé que, tant pour les travaux publics que pour les travaux particuliers, les constructeurs fussent tenus d'avoir des chantiers comme les entrepreneurs de charpente (1).

On a pensé que, donnant les premiers l'exemple des sacrifices, personne ne saurait se plaindre avec quelque justice des indications qui ont été faites, et que nous allons rappeler ici.

Entrepreneurs de roulage. — La plupart laissent stationner, nuit et jour, leurs voitures devant leurs portes; nous pourrions même en citer qui font leurs chargemens sur la voie publique.

Négocians en denrées coloniales, en huiles et en esprits. — En général, ces négocians habitent les quartiers du centre, et sont logés si étroitement qu'ils sont obligés de laisser sta-

(1) Des propriétaires, dans les divers quartiers de Paris, ont déjà offert de traiter avec ceux de MM. les constructeurs qui pourraient le désirer, et de leur fournir, soit par semaine, soit par mois ou par saison entière, les terrains qui leur seraient nécessaires, et à des prix très-modérés.

tionner, pendant une grande partie de la journée, des chariots et voitures qui, compris l'atte-
lage de huit chevaux, n'ont pas moins de 40 à
50 pieds de long, et interceptent continuellement
la circulation (1).

Commerce des fers. — Il est exploité de telle
sorte, que les chargemens se faisant pour la plupart sur la voie publique, le passage n'y est plus
permis que, lorsqu'à tour de rôle, chaque barre
est sortie de la maison. Souvent la sûreté des passans est compromise.

Commerce des cuirs. — Ce commerce, faute
d'une halle suffisante, a pris possession des rues
Française et Mauconseil (2).

Commerce des huîtres et des poissons de mer.
— Les individus qui font ce commerce se sont
emparés de la rue Montorgueil, dont ils jouissent

(1) On doit joindre à ces inconvéniens le danger des incen-
dies pour des magasins remplis de matières inflammables, et
situés dans des rues d'un accès peu facile pour les secours. —
Ce fut un bruit généralement répandu, il y a quelques années,
qu'un incendie rue des Quatre-Fils eût gravement compromis
les archives du royaume, si le vent n'eût fortement soufflé
dans une direction opposée.

(2) La ville projette l'agrandissement de cette halle, et il
paraît même que, dans cette intention, elle a déjà fait des
acquisitions assez importantes; mais on voit avec peine qu'elle
se soit déterminée à laisser subsister un pareil établissement
dans le centre de Paris et dans un quartier où, faute d'espace
suffisant, la circulation est continuellement difficile et souvent
interrompue.

comme d'une propriété particulière , et dont ils interceptent la circulation pendant une grande partie de la journée. Il n'y a pas d'autre halle , d'autre dépôt général que la voie publique.

Le marché aux légumes , dans les rues de la Ferronnerie et rues adjacentes, interrompt entièrement la circulation jusqu'à certaine heure du jour (1).

Carrossiers. — La plupart des carrossiers, soit par nécessité, soit par calcul, font également usage de la voie publique comme de leur propre bien. Ils y établissent continuellement des voitures pour les réparer et pour les exposer aux yeux du public, tandis que, dans leurs ateliers , d'autres voitures sont rangées de telle sorte que les brancards menacent les passans et les forcent à se détourner.

On a égalèment indiqué comme abus de la voie publique le stationnement des charrettes qui apportent les provisions aux halles du centre ; mais un arrêté tout récent de M. le Préfet de police vient d'y pourvoir et ne laisse rien à désirer sur ce point.

On avait signalé une foule d'autres abus de la voie publique ; on s'était plaint de la voir envahie par les layetiers, les tonneliers, les limonadiers, les épiciers, les laitières, les colporteurs avec leurs boutiques ambulantes, etc., etc. Mais nous avons

(1) Voyez, chapitre V, Halles et Marchés.

pensé qu'en raison de la nature de ces abus, on devait s'en rapporter au zèle éclairé de M. le Préfet de police, qui peut apprécier, bien mieux que nous, l'importance et la nécessité de leur répression.

Enfin, on a indiqué comme devant contribuer efficacement à débarrasser les rues de Paris, le remisage, dans des enclos spéciaux, des voitures publiques de toutes sortes qui stationnent, tant dans les rues des faubourgs que dans les rues du centre.

Mais l'examen de cette question a présenté, à côté de grands et réels avantages, des difficultés d'exécution d'une nature très-grave, surtout relativement aux fiacres et aux cabriolets.

En effet, s'il est certain que le public, l'administration et les entrepreneurs de voitures eux-mêmes trouveraient un avantage positif à l'exécution d'une semblable mesure, il est certain aussi que l'obligation d'établir un système de stationnement dans tous les quartiers de Paris à la fois, l'inconvénient de la cherté et de la rareté du terrain dans le centre ; la nécessité de concéder une espèce de privilége, sans lequel il serait impossible de trouver des compagnies ou des particuliers qui consentissent à faire une pareille entreprise, et à lutter contre la concurrence de tous les individus qui voudraient, comme cela se pratique déjà pour les cabriolets, transformer en remises des cours, des boutiques et des jardins (1), sont autant d'ob-

(1) Dans le quartier le plus central et le plus cher, dans la

jections auxquelles il n'est pas facile de répondre.
Nous ne saurions donc prendre l'initiative d'une
proposition à l'administration sur aucun des
moyens qui nous ont été indiqués, et nous devons
nous borner à lui signaler cette amélioration,
comme un besoin vivement et généralement senti,
méritant toute son attention, et sur lequel elle
n'appellerait peut-être pas en vain le secours de
l'industrie particulière.

La Réunion a considéré que les ports et la rivière appartenaient à la voie publique; en conséquence, elle a cru qu'elle pouvait exprimer le désir
que désormais les marchandises ne s'y arrêtassent
que le temps nécessaire pour le chargement et le
déchargement, tandis que par un abus que l'ancienneté de son origine ne saurait transformer
en un droit, elles y séjournent comme dans un entrepôt.

Pourquoi le Port aux Tuiles, par exemple, où
quelques marchands ont, exclusivement aux autres, le privilége de déposer et vendre leurs marchandises toute l'année, ne serait-il pas rendu à la
voie publique? Pourquoi les bateaux de blanchis-
seuses qui stationnent sur la rivière dans le centre,
ne seraient-ils pas renvoyés en amont et en aval?
Les quartiers du Jardin du Roi et de Chaillot se
peupleraient par ce refoulement, et les rues avoi-
sinant les quais de la Cité seraient dégagées d'une

rue Saint-Honoré, en face de l'église Saint-Roch, des boutiques
sont transformées en remises de cabriolets.

multitude d'individus entassés dans des logemens toujours humides et malsains.

Ne pourrait-on pas aussi débarrasser la rivière de la vente des charbons et menus bois qui, non-seulement l'encombrent, mais encore surchargent les quais de bureaux de péage, voitures, commissionnaires, etc.?

La question des charbons est trop importante pour que nous ne donnions pas quelques développemens à notre proposition.

Tout le monde sait que dans l'intérêt général il faut, autant que possible, que les produits de l'industrie s'écoulent aussitôt qu'ils ont atteint le degré de perfection nécessaire pour les besoins de la consommation. Et cependant le charbon de bois, arrivant par eau à Paris, n'est mis en vente que long-temps après sa fabrication et lorsqu'il a déjà perdu une partie notable de sa valeur.

La source du mal est dans les vieux réglemens de police qui, nés sous la féodalité et peut-être alors justifiés par les circonstances, ont traversé les temps d'anarchie et de despotisme pour venir jusqu'à nous.

Ces réglemens assujétissent la vente du charbon de bois, transporté par eau, à un régime d'exception aussi bizarre par sa forme que funeste dans ses résultats. Aucun bateau ne peut entrer sans avoir été inscrit d'avance sur les registres de la police. Il reçoit un numéro d'ordre qui détermine son *tour de vente*. Ce tour n'arrive ordinairement qu'au bout de deux ou trois ans, parce qu'il n'y a qu'un petit nombre de places et de mesures pour la vente. Ce qu'il en coûte pour le déchet du charbon exposé si long-temps à l'influence de l'air et de l'humidité, pour les bateaux hors de service après un seul voyage, et pour l'intérêt cumulé des capitaux employés à la production, est énorme, et se trouve, en définitive, supporté par le consommateur. Toute concurrence devient impossible. Le petit marchand qui ne pourrait charger qu'un ou deux bateaux trouverait infailliblement sa ruine dans l'attente de deux et peut-être de trois années pour obtenir un tour de vente. Enfin, le débit du charbon est devenu, sinon de droit, du moins de fait, le privilége exclusif d'un petit nombre d'individus qui, réunis par leur intérêt commun en une sorte de compagnie, ont un agent général, des commis et une administration régulière qui dirige, vers un même but, l'exploitation certaine et productive du monopole (1).

De nouveaux réglemens vont, dit-on, modifier cet état de choses (2). Le nombre des places et des

(1) Voyez la pétition adressée, à la fin de l'année dernière, au Ministre de l'Intérieur, par les propriétaires riverains du canal Saint-Martin.

(2) Nous avons acquis la certitude que les modifications aux anciens réglemens étaient déjà faites quand notre Mémoire a été présenté à la Commission d'enquête; mais maintenant que nous connaissons ces modifications, nous sommes obligés de dire qu'elles ne portent qu'un bien faible adoucissement au

mesures destinées à la vente sera augmenté; le stationnement dans Paris, de chaque bateau, n'excédera pas une année. La pensée qui préside à ces modifications est sans doute très-bienveillante ; mais conduit-elle au but qu'on doit se proposer? Voilà la question...... Si l'administration veut faire un réglement transitoire pour replacer bientôt, sans secousse, le commerce du charbon de bois sous l'empire du droit commun, rien de mieux. Le passage trop brusque du monopole à la libre concurrence ne serait pas sans inconvéniens. Mais si l'administration, se trompant sur les meilleurs moyens de pourvoir aux besoins de la capitale, pouvait supposer un moment que l'émancipation définitive du commerce du charbon de bois serait une mesure dangereuse, et qu'il ne faudrait,

mal. Comme par le passé, chaque bateau reçoit un numéro d'ordre, et ne peut entrer qu'à son tour dans Paris. La seule différence, c'est que l'administration actuelle tient la main à ce que la quantité de charbon arrivée par cette voie n'excède pas les besoins de la consommation annuelle ; d'où il suit qu'en effet chaque bateau ne séjournera guère qu'une année dans Paris, mais qu'en somme tous les bateaux, avant que leur cargaison soit livrée aux consommateurs, séjourneront encore deux ou trois ans sur la Seine ou sur ses affluens. Ainsi, jusqu'à ce jour, le monopole n'a rien perdu de sa vigueur; il entretient une multitude d'abus de détail dont le public est victime. Toutefois, si nous sommes bien instruits, ces abus seraient enfin appréciés à leur juste valeur par l'autorité compétente, et nous toucherions au moment où de sages réglemens, plus conformes à l'esprit du siècle, les feraient totalement disparaître.

à l'avenir, pour ôter tout motif légitime de plaintes, qu'un certain nombre de places de vente de plus, et qu'un an ou dix-huit mois de stationnement de moins, alors les modifications apportées aux anciens réglemens, loin de satisfaire les consommateurs, n'auraient d'autre résultat que de prolonger indéfiniment l'existence d'un monopole qui, pour nous servir de l'expression énergique de l'un de nos publicistes, est condamné à mort par la raison publique.

Certes nous ne nous arrêterons pas à démontrer que la liberté du commerce du charbon ne saurait être un obstacle à l'approvisionnement régulier de la capitale ; l'opinion contraire n'a maintenant pour défenseurs que ceux dont elle flatte les intérêts particuliers. Nous nous bornerons à dire que, par les réglemens existans, la masse des consommateurs est sacrifiée aux intérêts de quelques individus ; que de légères modifications ne sauraient remédier au mal ; qu'il serait temps que le monopole disparût ; que la chose n'est pas moins nuisible que le nom est odieux, et qu'une administration qui se déclare si hautement la protectrice des intérêts généraux ne saurait laisser échapper une si belle occasion de prouver que sa volonté, son courage et sa force ne sont pas au-dessous des espérances qu'elle a fait concevoir.

Si l'on nous demande quel intérêt direct les propriétaires de terrains peuvent avoir à l'abolition du monopole du charbon de bois, nous répondrons que le commerce, débarrassé des entraves qui gênent ses mouvemens, ne tarderait pas à se livrer à des spéculations qui nécessiteraient l'établissement de vastes chantiers (1).

(1) On ne sera pas fâché de trouver ici ce que le Conseil d'État pensait, il y a sept ans, des réglemens de police sur le commerce du charbon :

Le 26 juillet 1822, le Conseil d'État, sur le rapport de M. le Préfet de police et le Mémoire de la Chambre de commerce, etc., fut d'avis (en substance),

Qu'il y avait lieu de soumettre à l'approbation de S. M. un projet d'ordonnance pour consacrer le principe de la liberté d'importation, d'exportation, de vente et d'achat des charbons de bois dans la capitale;

Que l'abolition des ordonnances de police des 2 décembre 1812 et 24 février 1817 devait être expressément prononcée;

Que la mise en exécution du nouvel ordre de choses pouvait être fixée au 1er janvier 1824 (terme jugé nécessaire pour l'écoulement des charbons achetés et expédiés sous la foi des anciens réglemens);

Le *tour de vente* devait être supprimé à cette époque, sauf l'ordre d'admission à régler pour empêcher l'encombrement de la rivière et des ports. Le nombre des places de vente devait être augmenté de manière à contenir au moins les deux tiers de la consommation annuelle.

Au sujet de cet avis, qui est précédé de considérans d'un grand intérêt, voici comment s'exprimaient, en 1828, les propriétaires riverains du canal Saint-Martin, dans leur pétition au Ministre de l'Intérieur :

« Des intérêts cachés et de secrètes instances ont triomphé » de cette sage décision, et l'ordonnance du 4 février 1824 a » fortifié ces mêmes réglemens et ces mêmes abus que la Cham- » bre de commerce de Paris signale encore aujourd'hui à la sol-

Peut-être est-ce ici le lieu de faire remarquer qu'une des causes qui nuisent à l'emploi et à la vente des terrains qui bordent le canal Saint-Martin, est le mode de perception des droits de navigation sur la rivière de Seine.

Ces droits, établis en vertu d'une ordonnance de 1672, et d'une loi de floréal an x, frappent sur les bateaux relativement à leur longueur, sans avoir égard à leur largeur; de sorte que les marchandises arrivant par des bateaux de largeur ordinaire, paient environ 15 pour 100, ou 1 fr. 53 cent. par tonneau, de plus que celles qui arrivent par bateaux de grande largeur. Il en résulte que ces dernières embarcations sont d'un usage beaucoup plus gé-

» licitude du Gouvernement, dans un rapport lumineux qu'elle » vient d'adresser à Votre Excellence. »

A la pétition des propriétaires était jointe une lettre d'envoi dans laquelle on lit ce passage remarquable :

« Les hautes pensées administratives qui ont déterminé » Votre Excellence à se déclarer pour le principe de la *libre* » *concurrence* au sujet des bois de chauffage, nous donnent l'es- » poir qu'une autre espèce de monopole, encore plus nuisible » aux intérêts des consommateurs, ne trouvera pas grâce de- » vant vous. Tout sera mis en œuvre, Monseigneur, pour » empêcher les utiles réformes que médite votre sagesse : nos » adversaires, vaincus depuis long-temps sur la question de » droit, feront valoir auprès de vous l'antique possession, et, » sans doute, ils vous demanderont des délais, comme s'ils » étaient pris au dépourvu : telle est leur tactique ordinaire. » En obtenant des délais, ils se flattent d'éterniser le mono- » pole..... » Il s'agissait du monopole des charbons.

néral, quoiqu'il entraîne avec lui beaucoup d'inconvéniens relativement à la navigation.

Or, les écluses du canal Saint-Martin étant trop
étroites pour pouvoir y admettre les bateaux à
grande largeur, il s'ensuit qu'ils ne fréquentent
point le canal et qu'ils vont décharger sur les ports
de la rivière, au détriment des terrains riverains
du canal.

L'administration ne saurait, sans consacrer une
injustice, perpétuer un semblable mode de perception, qui est d'ailleurs un contre-sens du système
des canaux, et c'est avec confiance que nous lui
demanderons que les droits de navigation sur la
rivière soient à l'avenir établis et perçus d'une manière uniforme, en raison du cubage ou du tonnage,
et non pas en raison de la longueur des embarcations.

Elle déterminera surtout, pour ces embarcations,
des dimensions telles qu'elles puissent, au choix
des conducteurs, suivre la voie des canaux aussi
bien que celle de la rivière (1).

(1) Nous venons de dire que les écluses du canal Saint-
Martin étaient trop étroites pour laisser passer des bateaux de
grande largeur : ceci demande une explication.

La création du canal est due, comme tout le monde sait, à
M. le comte de Chabrol, et ce n'est pas le moindre titre de ce
sage administrateur à la reconnaissance des Parisiens. Mais ce
que peu de gens savent, c'est que l'Administration des Ponts
et Chaussées semble prendre à tâche de rendre nul ce nouveau
cours d'eau. En 1821, elle exige de la compagnie qui obtiendra
la concession, qu'elle ne donne que 24 pieds d'ouverture aux

L'administration enfin ne manquera pas de considérer que plus elle protégera les transports par eau, plus elle parviendra aisément à l'amélioration des grandes routes.

La population ne se portera dans les nouveaux quartiers que lorsque les rues y seront praticables.

écluses, attendu que cette mesure, après une sérieuse enquête, a été reconnue la meilleure, et, comme telle, ordonnée pour les écluses de la Seine et de ses affluens. La compagnie établit, sur cette base, ses probabilités de dépense et de recette; elle traite avec la ville et construit le canal. Mais voilà que tout-à-coup, et sans enquête préalable, les Ponts et Chaussées reviennent sur ce qu'ils ont décidé. La construction d'écluses beaucoup plus larges est ordonnée ou permise sur la Seine, l'Oise, l'Aisne, etc. La compagnie, blessée dans ses intérêts, se plaint vivement : les Ponts et Chaussées n'en tiennent compte. Les propriétaires riverains réclament à leur tour : même indifférence de la part de l'autorité compétente. Enfin, le Conseil municipal, avec une vigueur dont nous lui devons rendre grâce, prend fait et cause pour ses administrés; il attaque les décisions arbitraires des Ponts et Chaussées; il fait voir la justice et la nécessité d'une nouvelle enquête; il établit que si, en définitive, un examen plus approfondi prouvait que des écluses de 24 pieds sont insuffisantes, les Ponts et Chaussées seraient en droit de passer outre, mais qu'ils ne pourraient se dispenser d'indemniser les propriétaires du canal, lesquels, en effet, ne sauraient être responsables des fautes de l'administration. L'affaire est déférée au Conseil d'État. Qu'en adviendra-t-il ? Certes, le droit des concessionnaires n'est pas douteux, et, quant au fait, est-il à supposer qu'il y ait moins de sûreté à traiter avec l'administration qu'avec les particuliers ? Nous ne saurions le croire. Quel honnête homme, dans ce cas, voudrait avoir affaire à elle ?

Le pavé, mal fait dans toute la ville, l'est encore plus mal dans les nouvelles rues; les chaussées n'ont pas été assez battues avant de recevoir la *forme de sable*. On a trop compté sur le temps et le passage des voitures pour le tassement, et sur la consolidation du sol, qui ne sera complète qu'après un ou deux *relevés à bout*.

L'écartement entre les pavés est trop considérable : il laisse pénétrer les eaux pluviales; celles-ci, après avoir détrempé la *forme*, et surtout le sol glaiseux, sont ramenées en boue à la surface par la pression des chevaux, des voitures et même des piétons.

Réparer le pavé, le rendre aussi imperméable que possible, ordonner le balayage dans les rues excentriques avec autant de sévérité que dans les rues du centre, faire coïncider le balayage avec l'enlèvement des boues, seraient des moyens d'appeler des habitans dans les quartiers nouveaux. Les longues courses à pied n'effraient personne quand la voie publique est praticable.

En résumé, les considérations sur la voie publique importent également à l'autorité municipale et aux propriétaires de terrains et de maisons dans tous les quartiers. Elles importent encore à l'agrément et à la sûreté de tous les habitans. Que l'Administration réprime donc les abus de la voie publique, qu'elle la rende à sa véritable destination, qu'elle veille à ce qu'elle soit bien entretenue, et la population se disséminera naturellement. Alors les quartiers les plus obstrués seront abandonnés par les industries qui ont besoin de vastes locaux, et les habitans s'étendront de proche en proche jusques aux murs d'enceinte.

CHAPITRE V ET DERNIER.

HALLES D'APPROVISIONNEMENT ET MARCHÉS PUBLICS. —FONTAINES, PUITS ARTÉSIENS. — ENTREPÔTS. — CHANTIERS DE BOIS A BRULER. —MAIRIES, JUSTICES DE PAIX, COMMISSAIRES DE POLICE, ETC. — DÉBOUCHÉS DES QUARTIERS NEUFS. — ÉGLISES. — TROTTOIRS. — CASERNES ET CORPS-DE-GARDE.

Des établissemens communaux d'une grande importance manquent à la ville de Paris. Il est de sa dignité et de son intérêt d'y pourvoir. Leur création contribuerait singulièrement au développement de l'industrie immobilière, en même temps qu'elle deviendrait un puissant moyen d'attirer dans les nouveaux quartiers la population surabondante des quartiers du centre.

Des indications très-nombreuses nous ont été fournies. Toutes avaient pour objet, ou l'utilité ou l'embellissement de la capitale ; mais nous avons pensé devoir nous borner à réclamer les établissemens dont l'utilité ne pouvait être contestée, et dont l'exécution, pour la majeure partie, n'ajouterait rien aux charges de la ville et donnerait lieu, pour le surplus, à des dépenses peu considérables.

HALLES ET MARCHÉS PUBLICS.

Le régime des halles d'approvisionnement et des marchés publics a quelque chose de spécial dans l'administration générale de la ville de Paris.

Nous ne recherchons ici ni l'origine ni la légalité de ce régime ; nous nous bornons à en examiner les conséquences dans le système des intérêts qui nous occupent, et nous osons dire qu'elles sont dignes des méditations de l'administration. Elle seule a le droit d'établir des halles et marchés, ou d'en accorder la concession, pour un temps limité, à des conditions qui ne sont écrites nulle part, et qui dépendent entièrement de sa volonté.

Une obligation paraîtrait devoir résulter naturellement d'un pareil droit, c'est que l'administration fût tenue d'établir des halles et marchés dans tous les quartiers de Paris, et d'en proportionner le nombre aux besoins des consommateurs. Il en est cependant autrement, à en juger par le fait, puisque des quartiers très-vastes sont privés, non-seulement de halles d'approvisionnement, mais encore de marchés, et que les habitans de ces quartiers sont obligés ou d'envoyer chercher leurs provisions au loin, dans le centre de Paris, ce qui leur est le plus souvent impossible et leur coûte, dans tous les cas, des frais de port très-considérables (1), ou bien d'acheter leurs provisions de troi-

____

(1) Un seul exemple : Le sac de pommes-de-terre se vend

sième et quatrième main, à des prix qui s'élèvent au double et au triple des prix qu'ils paieraient, si de pareils établissemens existaient près de leurs demeures (1).

Faut-il donc s'étonner que la population se presse et s'entasse dans le centre de Paris, et peut-on espérer raisonnablement qu'elle se décidera à l'abandonner, pour aller habiter des quartiers où elle devra payer beaucoup plus chèrement les objets nécessaires aux premiers besoins de la vie?

L'administration a établi à son profit tous les marchés du centre qui assurent de grands bénéfices; mais il semble qu'elle ait eu pour système de n'en ouvrir aucun qui ne dût lui donner un produit. Il paraît même que les conditions qu'elle a proposées aux particuliers qui ont offert d'en construire à leurs frais, sont de telle nature que le plus souvent ils ont renoncé à leur projet.

Enfin la population et, avec elle, les embarras de la circulation, augmentant annuellement, de nouveaux quartiers ont été créés. L'administration est, sous tous les rapports, intéressée à leur prospérité, et, ce nonobstant, par une contradiction inexplicable, aucune amélioration dans le régime des marchés ne se fait apercevoir.

ordinairement 4 francs. Le port, de la halle dans un autre quartier, même peu éloigné, est de 1 fr. 50 c.

(1) On assure que, dans le détail, la différence est souvent plus élevée encore.

Le marché aux huîtres encombre et salit la rue Montorgueil.

Le marché aux légumes se tient sur la rue même de la Ferronnerie et sur les rues adjacentes, pendant la nuit, dans toutes les saisons, sur le pavé ; et les froids qui ont régné cet hiver ont été funestes à nombre de cultivateurs et de marchands.

Les habitans de ces quartiers sont renfermés chez eux, sans en pouvoir sortir, jusqu'à neuf heures du matin, et leurs habitations sont infectées par les exhalaisons des légumes gâtés et mélangés avec la boue et l'eau des ruisseaux. Ils se plaignent vivement d'un état de choses qui porte, en effet, une véritable atteinte aux droits de propriété.

Nous n'ignorons pas les objections que font les partisans du système de centralisation des halles d'approvisionnement et des marchés publics; nous ne nous dissimulons pas non plus que cette question n'est pas aussi simple qu'elle semble l'être au premier aperçu, et qu'elle présente au contraire à résoudre des difficultés d'un ordre assez élevé ; nous savons aussi qu'un changement de système dérangerait des habitudes et compliquerait l'action de l'administration. Mais sans avoir la prétention de trancher la question d'une manière trop absolue, nous croyons pouvoir dire qu'il y a nécessité d'améliorer le régime des halles et marchés publics et de les mettre en harmonie avec les besoins et les intérêts de la population tout entière ; que cette amélioration est un des moyens les plus puissans de débarrasser et d'assainir le centre de Paris, d'en arracher la classe ouvrière et malheureuse qui y végète condamnée à une mort prématurée ou à des maladies graves; et que les inconvéniens d'un changement de système ne sauraient être mis en balance avec le danger qu'il y aurait à persister dans le système actuel.

Mais, en attendant cette amélioration, si vivement désirée, nous solliciterons le transport du marché aux huîtres dans un quartier quelconque, éloigné du centre, et nous demanderons à MM. les Préfets, au nom de l'humanité autant qu'au nom des intérêts dont la garde leur est confiée, de faire enfin transférer dans des locaux spéciaux et couverts les marchés qui se tiennent encore de nuit en plein air et sur le pavé.

FONTAINES PUBLIQUES.

Une lettre adressée au président de notre Réunion par M. le vicomte Héricart de Thury, conseiller d'État, directeur des travaux publics, qui a bien voulu nous autoriser à en faire usage, nous dispense du soin de donner aucun développement à cette proposition. Cette lettre d'un homme qui, par ses lumières et par sa position, peut apprécier mieux que personne la nécessité et les avantages de l'établissement de nouveaux marchés et de nouvelles fontaines publiques, est, en effet, le meilleur argument en faveur de notre réclamation, et nous

ne saurions faire mieux que de la transcrire ici
en entier.

« Monsieur,

» Pour répondre aux questions que vous m'avez
» fait l'honneur de m'adresser sur les moyens les
» plus propres à donner ou à rendre aux différens
» quartiers de Paris éloignés du centre des affaires
» une valeur qu'ils ne peuvent recevoir des spécu-
» lations particulières, je pense qu'il n'en est pas
» de plus efficace que l'établissement de nouveaux
» marchés et de nouvelles fontaines publiques de-
» mandées avec instance dans plusieurs quartiers
» qui en sont entièrement privés.

» Plusieurs arrondissemens sont, en effet, sans
» marchés, et les habitans étant obligés d'aller cher-
» cher très-loin leurs approvisionnemens et subsis-
» tances, ne peuvent se les procurer que de seconde
» ou de troisième main, et dès lors ils sont forcés
» de les payer à un prix souvent décuple de celui
» auquel ils les auraient obtenus directement sur
» les marchés.

» Les fontaines publiques ne sont pas assez mul-
» tipliées; quelques quartiers en manquent entière-
» ment. Les habitans ne peuvent se procurer l'eau
» qui leur est nécessaire que par les porteurs d'eau
» au tonneau, qui souvent, pour répondre plus
» promptement aux demandes, comme pour éviter
» la rétribution qu'ils doivent aux préposés des
» fontaines publiques, remplissent clandestinement

» leurs tonneaux à des pompes ou à des puits d'in-
» térieur de maison. Les eaux de ces puits sont
» presque toutes dures, séléniteuses et plus ou
» moins infectées par les infiltrations des puisards,
» des fosses d'aisance ou du terrain artificiel qui
» forme le sol de Paris et de ses environs. Les eaux
» du canal de l'Ourcq et du bassin de la Villette,
» bonnes pour les lavages et les gros ouvrages d'in-
» térieur de ménage, ne peuvent servir pour la
» table. Enfin les eaux de la Seine, fournies par les
» machines à vapeur ou les pompes, sont très-bon-
» nes ; mais les fontaines publiques ne sont pas
» assez multipliées ; dans certains quartiers elles
» sont trop rares, dans quelques autres elles man-
» quent même entièrement. Réduits à se servir
» d'eaux de puits, beaucoup d'habitans se plaignent,
» avec raison, de la mauvaise qualité de ces eaux.
» Dans un tel état de choses, je pense, Monsieur,
» qu'on ne saurait trop encourager l'établissement
» de puits forés, de ces puits qui, bien établis, don-
» nent à peu de frais des eaux constamment jaillis-
» santes, dégagées de tous les principes pernicieux
» que présentent les eaux des puits ordinaires de Pa-
» ris ; enfin des eaux abondantes, de bonne qualité,
» et jamais arrêtées dans leur cours par les gelées.

» Le succès de ces puits n'est point incertain,
» il est assuré ; enfin il est invariable lorsque ces
» puits sont faits par des sondeurs instruits. Le sol
» du bassin de Paris présente toutes les conditions
» nécessaires. Nous connaissons plusieurs grands

» courans souterrains qui donnent des eaux ascen-
» dantes plus ou moins abondantes. Un de ces
» courans, tendant à remonter à son niveau pri-
» mitif, donne des eaux qui s'élèvent, avec la plus
» grande impétuosité, à plus de vingt mètres, au-
» dessus de zéro, du seinomètre du pont de la
» Tournelle.

» Les bornes de cette lettre, déjà trop longue,
» ne me permettent pas d'entrer ici dans plus de
» détails sur ces courans souterrains, dont j'ai déjà
» plusieurs fois entretenu l'Académie des sciences
» et la Société royale et centrale d'agriculture, et
» je me résume, en assurant la commission que ces
» puits peuvent être multipliés à peu de frais, et
» qu'ils donneront aux propriétaires éloignés des
» fontaines publiques des eaux abondantes et
» d'excellente qualité.

» J'ai l'honneur d'être, etc., etc. »

Cette lettre ne saurait manquer d'exciter l'attention publique. Les avantages qui résulteraient de
l'existence des puits artésiens à Paris sont tels qu'il
serait à désirer que les expériences nécessaires pour
démontrer non-seulement la possibilité, mais encore la facilité de leur établissement, fussent ten-
tées par l'administration de la ville. Les propriétaires de maisons éloignées des fontaines publiques
s'empresseraient de rechercher ces avantages, du
moment qu'ils pourraient se les procurer à des prix
modérés.

MAGASINS D'ENTREPOT.

L'administration veut-elle vivifier les quartiers neufs? qu'elle se hâte d'y créer des affaires. Pour cela, nous ne saurions imaginer un moyen plus certain et plus prompt que d'établir dans Paris, sur différens points à proximité des barrières, de grands chantiers et magasins qui serviraient à la fois de marchés et d'entrepôts. Là seraient reçus tous les objets de consommation assujétis aux droits d'octroi, lesquels ne seraient acquittés qu'à la sortie, c'est-à-dire au moment où les produits passeraient des mains du marchand dans celles du consommateur.

Assurément rien n'est moins équitable que l'ordre de choses actuel. Ces entrepôts, que nous réclamons en faveur des quartiers neufs, existent aux portes de Paris, mais ils sont placés hors de nos murailles, de sorte que l'activité commerciale qu'ils font naître tourne tout entière au profit des villages voisins, qui sont exempts des droits d'octroi. Ne serait-il pas juste, au contraire, d'assurer aux Parisiens les avantages de l'emmagasinement des produits pour lesquels ils paient des droits si énormes? Cette concession, aussi profitable au commerce qu'au consommateur, ne le serait pas moins à l'administration elle-même, non-seulement parce que ses intérêts se confondent avec ceux des administrés, mais encore parce que, tenant sous la clef les objets de consommation qui lui assurent un revenu, elle pourrait mesurer d'avance, avec une certaine précision, l'étendue de ses ressources.

Quand la ville le voudra, l'industrie particulière s'empressera de lui offrir les capitaux nécessaires à l'exécution d'un si utile projet, qui est digne des méditations de MM. les membres de la commission d'enquête.

CHANTIERS DE BOIS A BRULER.

Une ordonnance de police du 18 mars 1802 détermine la circonscription dans laquelle doivent être relégués les chantiers de bois à brûler. Une ordonnance royale du 9 février 1825 range ces chantiers dans la troisième classe des établissemens dangereux et insalubres, et il semblerait en résulter que tout individu qui voudrait créer un chantier en aurait le droit, en se conformant à toutes les formalités exigées pour les établissemens de la même classe; mais MM. les marchands de bois de Paris contestent ce droit à l'administration, et réclament le privilége de l'ancienne circonscription.

Sans prétendre en aucune manière rien préjuger sur la question de ce privilége, sans prétendre même que le principe de la circonscription de 1802 a cessé d'exister, du moment qu'on a autorisé l'établissement de nouveaux chantiers pour les quartiers de la Grenouillère, de Saint-Bernard, et récemment encore, pour les bords du canal Saint-

Martin, il nous semble qu'il y a nécessité de changer une circonscription qui, par la raison même qu'elle était convenable en 1802, ne saurait plus l'être en 1829.

L'administration saura sûrement trouver les moyens de concilier les intérêts du public avec ceux de MM. les marchands de bois, en donnant à la circonscription de 1802 une extension réclamée par des besoins qui existent aujourd'hui, et qui n'existaient point alors.

MAIRIES, JUSTICES DE PAIX, COMMISSAIRES DE POLICE.

On aurait peut-être beaucoup de peine à trouver en France une ville de 3,000 âmes qui ne possédât pas en propriété sa maison communale.

Il n'en est pas de même des douze arrondissemens de la capitale. Les maires, dépositaires des registres de l'état civil, revêtus de la première magistrature municipale; les juges de paix, chargés de concilier les citoyens; les commissaires de police, qui exercent à la fois des fonctions judiciaires et administratives, habitent presque tous des maisons de location qu'ils ne gardent qu'autant que c'est le bon plaisir du propriétaire. Le drapeau municipal flotte souvent à la porte d'un édifice enfumé et malpropre. Le plus grand nombre des maisons de mairies et de justices de paix sont situées hors de leurs arrondissemens. Les commissaires de police ne peuvent pas toujours se loger dans les quartiers de leur juridiction.

Relativement aux mairies et aux justices de paix, il nous a semblé que le prix de la location annuelle, légèrement augmenté pour un amortissement, permettrait de traiter avec des spéculateurs qui pourraient, sur des plans arrêtés par l'administration, faire construire, au centre de chacun des arrondissemens, ces édifices que les convenances publiques réclament depuis si long-temps.

Quant aux commissaires de police, nous ne chercherons pas à faire sentir la nécessité de leur donner un domicile fixe et à proximité de la force armée; chacun peut apprécier combien leur voisinage est incommode; combien, en raison des visites fâcheuses qu'ils reçoivent jour et nuit, il leur est difficile de trouver un appartement et de s'y maintenir. Aussi les personnes qui ont affaire à eux sont-elles obligées souvent de courir de porte en porte pour arriver au dernier domicile de ces magistrats, qu'on pourrait appeler ambulans.

Assurément, s'ils étaient logés au centre de leur juridiction, et que les corps-de-garde fussent établis près d'eux, la répartition des postes serait mieux entendue, les rapports seraient plus fréquens et plus immédiats ; il deviendrait plus facile de surveiller les malfaiteurs, de prévenir ou du moins de réprimer les désordres, les délits, les crimes ; enfin l'ordre et la sûreté publics y gagneraient à tous égards.

Pourquoi l'administration ne ferait-elle pas, dans chaque quartier, l'acquisition d'une maison affectée au commissariat de police? On placerait au rez-de-chaussée un corps-de-garde et tous les moyens de secours, tels que brancards, seaux à incendie, lampions, etc. Les étages supérieurs seraient habités par le commissaire, son secrétaire et un inspecteur.

L'administration, dit - on, est obligée chaque année d'accorder des indemnités de logement aux commissaires de police. Qu'elle retienne ces indemnités; qu'elle y joigne le montant de la dépense pour les corps-de-garde, et elle trouvera probablement les moyens de satisfaire au vœu et aux besoins de tous les habitans de Paris.

PROMENOIRS OU SQUARES.

Tout ce qui tend à l'agrément et à la salubrité d'une grande ville ne saurait être regardé avec indifférence par ses magistrats. Les nôtres auront vu sans doute avec peine disparaître tous les jardins publics et la plupart des jardins particuliers dont la végétation contribuait à purifier l'air des quartiers environnans.

Les parties les plus populeuses du centre sont privées de places et de promenades. Ce serait en vain que les habitans y chercheraient un espace assez vaste pour que leurs enfans y pussent respirer un air pur, si nécessaire à la conservation de leur santé et au développement de leurs forces physiques (1).

Pendant qu'il en est temps encore, pourquoi la ville ne ferait-elle pas d'avance, dans les quartiers neufs, l'acquisition de quelques terrains propres à former des promenoirs ou squares ? On ne peut douter que bientôt on verrait les entours de ces jardins se couvrir de constructions qui deviendraient pour la ville elle-même une source de produits. La dépense serait peu considérable. Il n'est pas un propriétaire qui ne soit disposé à donner les plus grandes facilités et de très-longs termes pour le paiement des terrains qu'il vendrait pour une semblable destination.

PERCEMENS COMMENCÉS PAR LES COMPAGNIES. TROTTOIRS DANS LES NOUVEAUX QUARTIERS.

La voie publique s'est enrichie de plus de quinze millions par suite des abandons de terrains faits à la ville par les compagnies (2).

(1) De tous les jardins, tels que Beaujon, Marbœuf, Tivoli, etc., etc., où le public était admis moyennant une légère rétribution, et s'y rassemblait les jours de fête, pendant la belle saison, il ne reste plus que le nouveau Tivoli, rue de Clichy, qui, probablement, ne tardera pas encore à être fermé et à recevoir une autre destination. La ville de Paris n'aurait-elle donc pas, sous plus d'un rapport, intérêt à acquérir et à conserver cet établissement ?

(2) Mémoire communiqué par M. le Préfet de la Seine.

Ces compagnies ne peuvent plus faire de nouveaux sacrifices, et quelques percemens très-importans, dans l'intérêt de la ville elle-même, ne sont pas achevés.

Nous avons pensé qu'il était convenable, sous tous les rapports, d'en solliciter l'achèvement aux frais de la ville.

L'administration a imposé à la plupart des compagnies et des spéculateurs qui ont entrepris l'exécution de nouvelles rues l'obligation d'y établir des trottoirs à leurs frais. Et cependant il paraît que l'administration consent à supporter la moitié de ces frais dans les quartiers du centre, là où tout est produit pour les propriétaires.

Une pareille distinction n'est pas juste. Si l'administration peut accorder quelques faveurs, les propriétaires des constructions nouvelles y ont plus de droits que les propriétaires des quartiers du centre, puisqu'ils ont fait à leurs dépens les premiers frais très-considérables de pavage et d'éclairage.

C'est donc comme un acte de rigoureuse justice que nous demandons que, sans avoir égard aux obligations contractées par les entrepreneurs, l'administration accorde aux propriétaires des nouveaux quartiers l'avantage qu'elle accorde aux propriétaires des quartiers du centre, en partageant avec eux les frais de l'établissement des nouveaux trottoirs.

ÉGLISES.

Au nombre des travaux les plus urgens, et dont l'exécution contribuerait efficacement à attirer la population dans les quartiers neufs, on a encore indiqué l'achèvement des églises commencées dans ces quartiers.

Un autre vœu non moins senti est celui de voir supprimer les bâtimens et échoppes qui encombrent l'extérieur des anciennes églises et les monumens publics. Ces hideuses constructions, qui déparent les plus beaux monumens de la capitale, coûteraient peu à acquérir; car la plupart n'ont été établies que par d'anciennes et abusives tolérances, et on assainirait les quartiers de l'intérieur en même temps qu'on y faciliterait la circulation. Peut-être convient-il d'aller au-devant d'une objection qu'on pourrait nous faire : c'est que les tolérances dont nous nous plaignons ne sont accordées que dans la vue de remplir les vides, qui seraient bientôt un réceptacle d'immondices. A cela nous répondrons qu'il serait facile et peu coûteux de faire ce qui se pratique à Londres, autour des monumens exposés aux mêmes inconvéniens. On ferme les vides au moyen de grilles qui empêchent d'y pénétrer.

CASERNES ET CORPS-DE-GARDE.

On avait enfin proposé de demander l'établissement de nouvelles casernes et de nouveaux corps-

de-garde, en se fondant sur l'insuffisance des casernes qui existent aujourd'hui dans Paris, et sur
l'absence totale de corps-de-garde dans les quartiers neufs, plus exposés que ceux du centre aux
entreprises des malfaiteurs. On avait fait remarquer que la gendarmerie, contre tout principe
d'ordre et de discipline, était en partie logée chez
des particuliers; que plusieurs des casernes de la
troupe de ligne étaient de vastes maisons bâties et
distribuées pour toute autre destination, et que
l'administration, faute de mieux, avait été trop
heureuse de prendre à loyer; que de cet état de
choses résultait, entre autres graves inconvéniens,
que la force armée n'était pas répartie comme il
conviendrait pour la sûreté des citoyens et l'avantage du service. On ajoutait que la zone inhabitée
qui sépare les murs d'enceinte des quartiers populeux du centre était la véritable place des casernes, et
qu'avec le secours de l'industrie particulière, et en
adoptant un système d'amortissement, l'administration pouvait fonder ces utiles établissemens, et
en acquérir la propriété, sans augmenter beaucoup les dépenses qu'elle fait annuellement en
locations.

Mais la Réunion, toute convaincue qu'elle était
de la justesse des observations relatives aux casernes, a considéré la question comme étant d'une trop
haute importance pour qu'il lui fût permis de
prendre à ce sujet l'initiative d'une proposition po-
sitive. Elle se bornera donc à exprimer ici le vif

désir d'une amélioration dont l'autorité peut mieux que nous apprécier les avantages et la nécessité.

Quant à l'établissement de corps-de-garde dans les quartiers neufs, la Réunion a jugé qu'il y avait urgence. Elle supplie l'administration de faire placer, sans retard, des postes sur tous les points où ils sont vraiment indispensables pour la tranquillité des citoyens.

Enfin nous n'avons pu arrêter un moment notre pensée sur les précautions nécessaires à la sûreté de la capitale, sans songer à nos braves pompiers, répartis en général dans des maisons étroites, sales, insalubres et mal situées. Loger convenablement ces hommes, qui acquièrent chaque jour, par le dévoûment le plus héroïque, puisqu'il est le plus désintéressé, de nouveaux titres à l'estime publique, est sans doute la moindre chose que puisse faire la ville de Paris pour leur témoigner sa reconnaissance (1).

(1) Il n'existe à Paris que 660 pompiers, divisés en quatre compagnies, dont deux sont logées convenablement et sainement rue de la Paix et rue Culture-Sainte-Catherine. Les deux autres, de 156 hommes chacune, sont entassées rue du Vieux-Colombier, dans une maison qui suffirait à peine pour une seule compagnie, et il est certain que le nombre des malades y est beaucoup plus considérable que dans les autres casernemens.

On assure que M. le Préfet de police sollicite vivement l'augmentation du corps des pompiers et l'amélioration du casernement; mais que l'autorité supérieure hésite, dans la crainte d'augmenter les charges de la ville, dans un moment où ses ressources diminuent tous les jours davantage.

En résumé, nous demandons dans ce chapitre :

1° Que le régime des halles d'approvisionnement et des marchés publics soit amélioré, et mis en harmonie avec les besoins et les intérêts de la population ;

2° Que des fontaines publiques soient accordées aux quartiers neufs;

3° Que la circonscription des chantiers de bois à brûler reçoive l'extension nécessaire aux besoins de la consommation;

4° Que l'entrepôt des objets de consommation sujets aux droits d'octroi puisse avoir lieu dans l'enceinte des murs de Paris, comme il existe hors de cette enceinte ;

5° Que des habitations convenables soient fondées pour MM. les maires, juges de paix et commissaires de police ;

6° Que l'administration se procure les terrains nécessaires pour établir des promenoirs ou squares dans les quartiers neufs;

7° Que les églises commencées soient achevées; que les monumens publics soient dégagés à l'extérieur des échoppes qui les encombrent;

8° Enfin, que l'administration veuille bien prendre en considération le désir, généralement manifesté, d'une amélioration dans le régime des casernes de Paris, et, en attendant, faire établir les corps-de-garde nécessaires à la sûreté des habitans des quartiers neufs.

CHAPITRE SUPPLÉMENTAIRE[1].

Il nous reste à traiter une question étrangère en apparence aux intérêts de la capitale, mais qui de fait s'y rattache naturellement. Nous voulons parler de l'interdiction de bâtir dans les cinquante toises au-delà et à partir de nos murs d'enceinte ; servitude odieuse, imposée par le fisc dans la crainte que des maisons si rapprochées de nous ne devinssent des repaires de contrebandiers. Mais depuis long-temps on a reconnu que cette crainte était chimérique, et le fisc lui-même, éclairé par l'expérience, a renoncé à réclamer le maintien d'une interdiction contre laquelle pourtant se sont élevées, sans succès jusqu'à ce jour, les justes plaintes des propriétaires et l'intime conviction de nos magistrats.

Certes, quoique la bande de terre dont il s'agit soit située hors de nos barrières, il ne serait pas vrai de dire que nous n'avons aucun motif de nous

Résumé de la discussion sur les observations de MM. le vicomte de Sennones, Auger de Fleury, etc.

---

[1] Notre Réunion ayant entendu la dernière lecture de ce Mémoire, venait d'en voter l'impression à l'unanimité, lorsque la proposition que nous allons traiter ici fut mise en discussion, et parut, après un mûr examen, d'une assez grande importance pour être le sujet d'un *Chapitre supplémentaire.*

en occuper ici. En effet, que nous demande la commission d'enquête et que sommes-nous intéressés à mettre sous ses yeux ? L'exposé le plus complet possible des moyens propres à rendre de la valeur aux terrains de Paris, à ranimer l'émulation parmi les constructeurs, et à rappeler la confiance des capitalistes. Or, si la défense de bâtir dans les cinquante toises était révoquée, des constructions nombreuses s'y élèveraient bientôt; les communications avec le centre deviendraient plus actives; des voies nouvelles s'ouvriraient pour la population; les quartiers neufs, plus fréquentés, et par conséquent plus sûrs, offriraient aux capitalistes et aux constructeurs des avantages qu'aujourd'hui ils y chercheraient en vain; et lorsqu'à une époque qui sans doute n'est pas très-éloignée, l'enceinte de Paris recevra une nouvelle extension, l'administration trouverait, au lieu de terrains improductifs, des maisons et des établissemens qui seraient pour elle-même une source de richesses (1).

Nous pouvons donc affirmer que la servitude

(1) La distance peu considérable du centre de Paris à certains points de sa circonférence, détermine beaucoup de personnes à s'établir hors barrière. Elles y jouissent à la fois des ressources immenses de la capitale et des franchises de la banlieue. Le bas prix des places dans les nouvelles voitures va encore augmenter la tendance d'une portion de la population parisienne à émigrer à l'extérieur. L'administration a-t-elle calculé toutes les conséquences de ce mouvement ? a-t-elle arrêté d'avance le plan qu'elle aurait à suivre ? En douter serait méconnaître sa sagesse et sa prévoyance.

dont nous réclamons l'abolition n'est pas seulement injuste et vexatoire pour les propriétaires de la banlieue, mais encore qu'elle est contraire aux intérêts de la ville de Paris; et s'il est vrai, comme nous l'avons assuré, que le premier magistrat du département, le conseil général et les ministres appelés, à plusieurs reprises, à examiner cette importante affaire, ont exprimé une opinion conforme à nos vœux, qu'il nous soit permis de dire à l'administration qu'elle ne saurait trop se hâter de révoquer un arrêté fatal, et de faire cesser un état de choses que rien ne saurait justifier désormais.

La discussion sur les cinquante toises a fait songer à la nécessité d'ouvrir de nouvelles barrières. Ces deux questions sont si étroitement liées, qu'il eût été impossible d'approfondir l'une sans s'occuper de l'autre. La faveur qui avait accueilli la première ne pouvait manquer de se reporter sur la seconde. Toutefois, la Réunion n'a pas oublié, malgré son vif désir de voir incessamment ses vœux se réaliser, que, lorsqu'il s'agissait de mesures d'une importance aussi générale, l'autorité administrative ne pouvait opérer que sur un travail d'ensemble, et avec la prudence et la circonspection nécessaires pour ne pas sacrifier un long avenir à quelques exigences du moment. Nous devons nous abstenir, par ces mêmes motifs, de toute observation de détails, et nous nous bornerons à supplier nos magistrats, non moins dans l'intérêt de

7

la commune que dans celui des particuliers, de
faire connaître au public, aussitôt que la défense
de bâtir dans les cinquante toises aura été révoquée, les plans relatifs à l'ouverture des nouvelles
barrières, et à la direction, la longueur et la largeur
des percemens pour les communications tant inté-
rieures qu'extérieures, ainsi que l'époque de l'exécution complète ou partielle de ces travaux. Éclairés
sur tous ces points, les propriétaires de terrains et
les capitalistes s'empresseront d'agir de concert
avec l'administration, et le bien général sera le
résultat de ce parfait accord.

CONCLUSION.

Les intérêts de l'administration municipale de la ville de Paris sont si étroitement liés aux intérêts de l'industrie immobilière, qu'on ne saurait mettre en doute que la cause de la diminution qui se fait sentir dans les recettes de l'octroi ne tienne principalement aux mauvais succès des entreprises de constructions et à l'interruption des travaux.

Mais l'administration est menacée d'éprouver encore une plus sensible disgrâce si elle ne se hâte d'abandonner les vieilles routines, d'appeler à son aide les capitaux et l'industrie des particuliers, et d'entrer avec franchise et fermeté dans un système d'amélioration devenu, par l'effet naturel du progrès des idées, un besoin impérieux de notre époque. Personne n'ignore aujourd'hui avec quelle effrayante célérité la mort moissonne les générations dans les quartiers les plus populeux et les plus industrieux de la capitale. Les tableaux statistiques publiés par la ville elle-même ont mis en lumière toute l'étendue du mal en même temps qu'ils en ont montré la cause et le remède. Il ne suffit plus de veiller avec patience à la lente exécution de plans qui ne profiteraient qu'à nos arrière-neveux : le danger est imminent. Quand les déplorables effets d'un état de choses vicieux sont reconnus par la société tout entière, l'administration, dont l'intérêt aussi bien que le devoir est de conquérir l'opinion et non de la suivre en esclave, n'a plus de temps à perdre pour opérer une prompte et salutaire réforme.

Dans les conjonctures présentes, les spéculateurs et les constructeurs ne peuvent prospérer sans l'appui de l'administration; mais les secours qu'ils attendent d'elle ne sont ni des charges sans profit, ni des sacrifices sans utilité. Ils réclament le concours de ses forces et de sa volonté pour assainir Paris, l'embellir, et améliorer la condition de ses habitans.

L'industrie immobilière, plus heureuse que la plupart des autres industries qui sont en instance aujourd'hui devant les commissions d'enquête, ne connaît point d'intérêts qui lui soient opposés. Sa prospérité ne porte préjudice à personne; elle profite au contraire à tout le monde; elle enrichit le trésor; elle fait valoir les fonds des capitalistes; elle éveille le génie des arts; elle récompense largement le travail du pauvre, et c'est surtout à Paris qu'elle produit de merveilleux effets. Quelle crainte pourrait donc arrêter les généreuses pensées de nos magistrats? Ils ont en main le droit le plus incontestable, celui qui dérive du devoir. C'est au nom de la sûreté publique qu'ils peuvent donner l'impulsion et diriger avec confiance toutes les forces physiques et morales dont ils disposent, vers le but le plus noble et le plus utile qui fût jamais.

Leur influence ne s'arrêterait pas aux limites de la capitale. Paris, si puissant par son immense population; Paris, où se concentrent tant de lumières, de richesses et d'industrie, sert de modèle à la France entière. C'est à l'exemple de Paris que Lyon, Bordeaux, Rouen, Orléans, etc., se sont livrées à des spéculations importantes sur les constructions. Les mêmes causes ont eu les mêmes résultats : de beaux quartiers ont été créés; mais presque partout ceux qui existaient déjà sont restés tels que les anciens âges les avaient faits. Les grandes villes des départemens ont, comme Paris, leurs vieilles cités, leurs rues étroites et sombres, leurs maisons hautes, incommodes et malsaines; il leur manque aussi des établissemens publics. Nul doute que, si la capitale entrait dans un sage système d'amélioration, on ne vît bientôt les magistrats et les citoyens des autres villes réunir leurs efforts pour ne pas rester en arrière. Salutaire émulation, dont l'effet s'étendrait sur toutes les branches de la richesse publique et particulière!

Le mouvement serait général sur le sol de cette belle France; et, lorsque l'agriculture et le commerce languissent, lorsque les produits de nos fabriques excèdent les besoins de la consommation, lorsque les producteurs de vins, de bois, etc., sont dans la détresse; enfin, lorsque des plaintes trop fondées se font entendre de toutes parts, les fidèles ministres d'un Roi dont le bonheur des Français est toute la pensée, ne sauraient rester spectateurs indifférens d'un pareil mouvement. Heureux de pouvoir le favoriser, ils s'empresseraient sans doute de provoquer des modifications aux lois dont les dispositions mettent obstacle aux progrès d'une industrie qui emprunte à nos fabriques et à notre sol tous les élémens nécessaires à son développement.

Que l'administration encourage donc l'industrie immobilière ; par là, elle accroîtra la consommation de toutes les sortes de produits, et la prospérité renaîtra. La France souffrait-elle dans les années 1823, 1824 et 1825, alors que la plupart des grandes villes, non contentes d'occuper leurs ouvriers, en appelaient du dehors ? Cent mille bras de renfort suffisaient à peine aux travaux de la capitale. Le producteur et le consommateur étaient satisfaits ; l'aisance descendait jusque dans les derniers rangs ; le trésor se remplissait ; le revenu de l'octroi surpassait de beaucoup celui des années précédentes, et c'était à la seule puissance de l'industrie immobilière que nous étions redevables de ces avantages. Son activité créatrice se communiquait à toutes les autres industries. Combien serait belle notre position présente si tant de zèle, d'intelligence et de force eussent été secondés et dirigés par le ministère, mieux instruit de la véritable origine d'une prospérité qu'il regardait, bien à tort sans doute, comme son ouvrage, mais qui,

de fait, ne pouvait se maintenir sans son appui !
Il eût fallu des lois et des réglemens protecteurs ;
il eût fallu aussi que les opérations de l'administration tendissent au même but que les spéculations
des capitalistes ; mais le pouvoir, dans l'enivre-
ment d'une fortune toute précaire, ne soupçonna
pas même l'existence de ces besoins.

De grands revers ont succédé à une grande prospérité. Maintenant nos magistrats, éclairés par
l'expérience, veulent secourir dans sa détresse l'industrie immobilière. Qu'ils se hâtent : les jours sont
comptés. La saison qui commence marque la reprise
des travaux ; les intentions bienveillantes de l'administration resteraient encore cette année sans effet
si les mesures qu'elle se propose d'adopter devaient se faire attendre. Une année de retard aggra-
verait beaucoup les maux dont nous gémissons.
Faut-il le dire ? rien peut-être ne nous a été plus
funeste que les lenteurs infinies et les indécisions
perpétuelles de l'autorité.

Si le passé nous laisse des souvenirs amers,
l'avenir s'offre à nous sous un jour favorable.
Pleins de confiance dans les paroles des deux magistrats placés à la tête de l'administration de la
capitale, et qui ont annoncé, comme nous l'avons
déjà dit, la ferme résolution de protéger l'industrie immobilière, nous avons suivi invariablement
la marche que nous nous étions prescrite dès l'origine de notre réunion ; nous nous sommes abste-
nus de faire entendre aucune réclamation qui eût

pour objet des intérêts privés; nous en avons fait le sacrifice, ou, du moins, nous ne nous en sommes occupés que dans leur rapport avec l'intérêt public, au nom duquel nous invoquons la sollicitude de MM. les membres de la commission d'enquête.

C'est à ce titre seul que nous réclamons leur bienveillante intercession auprès du gouvernement et des magistrats, sur lesquels nous fondons nos justes espérances.

Présenté le 29 avril 1829.

Le Président de la Réunion,

MIRBEL.

Le Secrétaire Rédacteur,

A. BAREAU.

9 782014 463705